AF537560

Daniela & Ernst Adam

Kurzgeschichten für Kinder

Ab 6 Jahre

NOEL-Verlag

Originalausgabe
März 2022

NOEL-Verlag GmbH
Achstraße 28
D-82386 Oberhausen/Obb.
www.noel-verlag.de
info@noel-verlag.de

Die Deutsche Bibliothek verzeichnet diese Publikation in der Deutschen Nationalbibliografie, Frankfurt; ebenso in der Bayerischen Staatsbibliothek in München.

Autor: Daniela & Ernst Adam
Covergestaltung: NOEL-Verlag

1. Auflage
Printed in Germany
ISBN 978-3-96753-105-3

Inhalt

Hannes
und sein treuer Freund Felix

Es war Samstagmorgen, als Hannes die Augen aufmachte und seine Decke nach hinten warf. Er stieg aus seinem Bett und sagte: „Felix, du alte Schlafmünze, steh endlich auf, hörst du!“
Felix knurrte wie ein zahmes Kätzchen und stieg aus seinem Körbchen. Felix war ein drolliger, strubbeliger kleiner, weißer Hund. Er trug ein rotes Halsband.
Felix schaute Hannes fragend an, als wolle er sagen: „So früh schon wach, und was machen wir beide Schönes?“
Hannes und sein strubbeliger Freund liefen die steile Treppe in die Küche hinunter. Hannes schrie so laut er konnte: „Mama, Papa, Großmutter, es hat geschneit, der erste Schnee!“ Er saß am Küchenfenster und schaute nur noch nach draußen.
„Es ist herrlich, ihn so zu sehen“, sagte die Großmutter.

Großmutter saß in ihrem alten Sessel und strickte Hannes einen schönen bunten Wollpullover. Sie war fast fertig mit dem Pullover, aber es fehlte noch ein Stück.

Der Vater von Hannes saß am Frühstückstisch und las eine Zeitung und paffte genussvoll an seiner Pfeife. Hannes Mutter stand in der Küche und schmierte Brötchen mit Erdbeer-Marmelade. Das schmeckte Hannes, er mag Erdbeer-Marmelade sehr gern.

„Setz dich an den Tisch", sagte seine Mutter.
Er setzte sich hin, wie es sich gehört, und aß das Frühstücksbrötchen ganz auf.
Hannes ist ein ganz normaler Junge wie viele andere auch, er hat braunes, gelocktes Haar, rote Bäckchen und eine kleine Stupsnase mitten im Gesicht. Er hat blaue Jeans an und einen ebenso blau gestrickten Pullover, den ihm seine Großmutter letztes Jahr gestrickt hatte, dann noch weiße Turnschuhe mit weißen Schuhbändeln.
Sein Vater stand auf, gab Felix sein Futter und sagte: „Na, du kleiner Streuner, du bekommst auch was zu fressen." Er stellte den Hundenapf auf den Boden neben Hannes.
Als die beiden mit dem Frühstück fertig waren, meinte der Vater: „Hannes, geh ins Badezimmer und putz dir ordentlich die Zähne."
„Ja, schon gut", sagte Hannes und ging ins Badezimmer, Felix stolperte hinterher.
Er machte die Badezimmertüre hinter sich zu.
Als er fertig war, ging er die Treppe hoch in sein Kinderzimmer. „Komm Felix", sagte er und schloss hinter sich die Türe. Er wollte ungestört bleiben. Felix durfte überall dabei sein, er war auch sein bester Freund.

Hannes sah aus seinem Fenster, es schneite sehr dicke, große Schneeflocken. Er überlegte sich, dass es toll wäre, jetzt mit seinem Schlitten draußen zu sein.

Am anderen Ende des Dorfes, in der Straße, in der sein Freund Max wohnte, gab es einen großen, langen Hang. Er entschloss sich, dorthin zu gehen und zu schauen, ob Max irgendwo sei.
Er packte seinen neuen Rucksack, den er zum Geburtstag von Papa geschenkt bekommen hat. Gesagt, getan. Er schlang seinen Schal um den Hals, setzte seine Mütze auf und zog sich seine Handschuhe an.
In seinen Rucksack steckte er seinen kleinen Bären und ein paar Spielzeug-Autos.
Sein letztes Taschengeld nahm er in seiner Geldbörse mit. Es waren gerade mal fünf Euro dreißig. Das Geld wollte er aufbewahren für alle Fälle.
So zog er sich seine dicke Winterjacke und seine Winterschuhe an. „Jetzt bin ich fertig", murmelte er zufrieden vor sich hin.
Er nahm seinen Rucksack auf seinen Rücken und ging mit Felix die Treppe hinunter. Er lief zu seiner Großmutter und sagte: „Ich gehe jetzt Schlitten fahren, ich werde meinen Schlitten vom Schuppen holen und hinten am Hügel schauen, ob Max auch dort ist."
„Tu das, mein Junge", sagte die Großmutter.
Hannes rief ihr beim Rausgehen zu: „Ich werde auf mich schon achtgeben."
Großmutter meinte lächelnd: „Ja, dann ist es ja gut und so klein bist du ja auch nicht mehr. Der Hügel ist ja auch nicht weit von zu Hause entfernt."

Hannes ging zur Haustüre, nahm die Hundeleine vom Haken und band sie Felix um. Er zog hinter sich die Haustüre zu und ging zum Schuppen. Er schloss den alten Schuppen auf, und sein Blick fiel auf einen Haufen alte Erde, die auf dem Boden lag, auf alte Blumentöpfe, zwei Schubkarren usw.
Er nahm den Schlitten, der noch vom letzten Jahr gleich am Eingang stand, verschloss wieder die Türe und stiefelte mit Felix durch den tiefen Schnee.

Als er am Hügel angekommen war, hielt er erst mal Ausschau nach seinem Freund Max. Aber – sein Freund Max war nicht da. Die Kinder schrien und riefen sich lustige Sachen zu. Hannes fuhr mit einem Mädchen aus seiner Klasse mit seinem Schlitten den Berg hinunter. Immer wieder und immer wieder.
Es ging eine ganze Weile so. Rosi, so hieß das Mädchen, sagte zu Hannes: „Ich muss nach Hause, denn wir feiern den zehnten Geburtstag meines Bruders."
„Wie schade", sagte Hannes. „Es hat so viel Spaß gemacht. Vielleicht können wir morgen wieder Schlitten fahren."
„Ja, vielleicht", meinte Rosi.
Hannes sah ihr noch nach, bis sie nicht mehr zu sehen war. Allmählich wurde es ihm langweilig, immer den Schlitten den Berg raufzuziehen. Runter, fahren das war viel schöner.

Er ging den Weg entlang, wo er mit Max schon öfters war. Etwas weiter gab es einen großen Spielzeugladen. Er schaute sich alle Spielzeuge, die im Schaufenster standen, an. Plötzlich fiel sein Blick auf etwas ganz Tolles. Die Türe war von außen mit vielen bunten Lichterketten und Lichtern geschmückt. Es sah wirklich verführerisch aus. Er blieb vor dem Haus stehen.

„Wollen wir mal reingehen?" Felix schaute Hannes an und bellte. Das sollte so viel heißen wie: „Ja, lass uns reingehen."

Hannes drückte die Türklinke ganz feste runter. Die Tür ging auf und die beiden liefen hinein. Schön warm war es hier drin. Da kam auf einmal der Besitzer des Ladens um die Ecke. „Na", sagte er, „was wollt ihr beide denn hier, kommt und wärmt euch erst mal auf." Dann zeigte er auf eine Bank und meinte: „Da könnt ihr euch hinsetzen."

Hannes sagte: „In meinem Rucksack habe ich ein bisschen Taschengeld."

Der Pizzabecker beugte sich runter zu Hannes und meinte: „Lass mal stecken, ich habe was Besseres für euch."

Er ging zurück in seine Küche und kam einige Minuten später zu Hannes und Felix zurück.

„So", sagte er, „für deinen Hund habe ich eine tolle Salamiwurst und für dich eine leckere Schinken-Pizza."

Hannes machte große Augen, als er die Pizza sah.

Der Pizzabecker fragte Hannes, wo er denn wohne. Hannes Mutter hatte einen kleinen Zettel in Hannes Rucksack gelegt. Da standen die Adresse und die Telefonnummer von Hannes Eltern drauf.
Hannes Rucksack fand der Pizzabäcker den Zettel und meinte: „Dann werde ich mal deine Eltern anrufen."
Er ging ans Telefon und wählte die Nummer.
Am anderen Ende meldete sich eine Frau.
Er sagte: „Ich habe hier einen kleinen Jungen mit Namen Hannes und einen kleinen Hund."
Die Mutter am anderen Ende der Leitung war sehr aufgelöst. „Ja, ja, es ist mein Junge mit seinem Hund Felix."
„Ja, Sie brauchen nicht extra zu kommen. Er sitzt bei mir in meiner Pizzeria und isst gerade eine Schinkenpizza. Den beiden geht es gut. Ich mache meinen Laden zu und bringe ihnen die beiden Ausreißer wieder wohlbehalten nach Hause."
Die Mutter bedankte sich tausend Mal beim Ladenbesitzer.
„Wenn du deine Pizza aufgegessen hast, bringe ich euch beide wieder nach Hause."
„Au ja", freute sich Hannes.
Felix wedelte wie verrückt mit seinem Schwanz.
Der Pizzabäcker schloss die Pizzeria und fuhr die beiden nach Hause. Die Eltern und die Großmutter warteten schon gespannt vor dem Haus auf die beiden.
Alle drei stiegen aus dem Auto aus.

Hannes kam auf seine Mutter zugelaufen und umarmte sie. „Mama, Großmutter, Papa, da bin ich wieder." „Er wollte nur ein bisschen mit dem Schlitten rausgehen", sagte die Großmutter zu dem Ladenbesitzer.

Alle waren wieder froh, dass sie sich alle wiederhatten.

Auf dem Reiterhof

Es war so gegen Mittag als Michelles Mutter in der Küche stand, um Spagetti mit Bolognese zu kochen. Der Vater von Michelle ist LKW-Fahrer im Inland und auch im Ausland. Er lud schwere Rasentraktoren aus.

Als er um zwölf Uhr fünfzehn nach seiner Schicht nach Hause kam, fragte er seine Frau, wo Michelle nur stecke, sie habe doch schon um elf Uhr die Schule aus.

„Die trödelt bestimmt mal wieder mit ihren Freundinnen rum“, sagte die Mutter.

„Sie ist immerhin 10 Jahre alt und hat schon ihren eigenen Kopf“, entgegnete der Vater.

Michelle ist ein hübsches Mädchen; sie hat blonde Haare, die sie zu einem Pferdeschwanz mit einer weißen Schleife zusammengebunden hat.

Plötzlich ging die Haustüre ging auf und Michelle kam herein. „Hallo Papa, hallo Mama. Ich bin wieder da.“

Die Mutter schaute etwas erstaunt und fragte: „Es ist schon nach zwölf, wo warst du so lange?“

Michelle plapperte ganz aufgeregt los: „Ich darf mit Marta, meiner besten Freundin aus der Klasse, auf den Reiterhof und dort mit Pferden arbeiten, den Stall saubermachen, die Pferde bürsten und vielleicht darf ich auch mal auf einem Pferd reiten. Das wäre doch toll … oder Papa?“

„Ja, ja das wäre super", bekam sie zur Antwort. Dann fügte er hinzu: „Mama und ich können dich ja, wenn wir Zeit haben, dorthin fahren, dann musst du nicht abends alleine durch die Dunkelheit heimkommen, du kämst dann sicher nach Hause."
„Das wäre großartig", rief Michelle. „Hurra. Kannst du mich nach den Schularbeiten hinfahren, Mama?"
„Erst wenn die Schularbeiten erledigt sind und wir gegessen haben, danach fahre ich dich zum Reiterhof."
„Super, Klasse, das ist einfach großartig."

Nach dem Essen zog sich Michelle um. Sie trug alte Reiterhosen von ihrer besten Freundin Marta, einen grauen Pullover und eine Strickjacke und Turnschuhe. Sie hatte noch keine Reiterstiefel.
Die Hausaufgaben waren im Nu gemacht.
Michelle rannte in den Keller, wo ihre Mutter gerade Wäsche wusch. „Bist du fertig, Mama", fragte sie ganz aufgeregt.
„Ja, ich bin startklar. Wir können gehen."
„Tschüss, Papa", rief Michelle beim Vorbeigehen ins Wohnzimmer.
„Viel Spaß wünsch ich dir."

Im Reiterhof angekommen wartete Marta mit zwei anderen Mädchen sehnsüchtig auf Michelle.
„Da bist du ja endlich, Michelle. Komm, wir zeigen dir den ganzen Hof."
„Bis heute Abend, Mama", sagte Michelle.

„Bis dann, ich hole dich um siebzehn Uhr wieder ab.“
Michelle verschwand mit den drei Mädchen im Stall.
Zwei Schäferhunde begleiteten sie.
Die Hunde gehörten der Besitzerin des Reiterhofes. Sie hieß Stefanie, aber alle nannten sie Steffi.
„Wir können so eine Hilfe wie dich gebrauchen“, sagte Steffi lächelnd. „Na komm, ich stelle dir mal unsere Pferde vor. Im ersten Stall rechts steht Schaluka. Diese Stute ist meine, die gehört mir. Sie ist 6 Jahre alt. Ein Tressur-Pferd sozusagen. Sie ist eine braune Fuchsstute und hat einen kleinen weißen Stern auf der Stirn. Der Schimmel gegenüber heißt Mischka.
Mischka ist schon ein paar Jahre hier. Sie ist ein gutes Springpferd. Hat schon viele Medaillen bekommen.

Michelle kam aus dem Staunen nicht mehr heraus. So viele tolle Pferde. Wow. Es waren insgesamt fünfzehn Pferde. Und acht gehörten Privatleuten.
„Wir haben auch drei Ponys. Sie heißen Wodka, Halma und Fredo. Fredo ist super toll. Du kannst ja mal hingehen und sie anschauen, wenn du magst.“
„Sehr gerne“, sagte Michelle.
Sie liefen ein paar Pferdeboxen entlang, als es plötzlich laut wieherte. „Das ist Fredo“, sagte Marta, „sie ist etwas scheu, aber sonst ist sie ganz pflegeleicht.“
Fredo hatte ein dunkles Fell und eine dunkle Mähne und einen schwarzen Schweif. Michelle war überwältigt.
„Wahnsinn“, sagte sie.

„Wenn du magst, darfst du gleich den Stall ausmisten helfen“, sagte Steffi zu Michelle.
„Gern“, man merkte, wie froh Michelle war, helfen zu dürfen.
„Du kannst bei Fredo anfangen, wenn du magst“, meinte Marta.
„Ja“, erwiderte Michelle.
Ein Mädchen von den anderen beiden war so lieb und holte einen Schubkarren, eine Schaufel und eine Mistgabel. Tina hieß das Mädchen, sie war die Tochter von Steffi, der Besitzerin des Reiterhofes. Tina war 13 Jahre alt und half, wo sie nur konnte.
Sie zeigte Michelle alle Handgriffe, es gab ja so vieles, was man wissen musste.
„Wenn der Schubkarren voll ist, zeige ich dir hinten im Stall, wo der Mist hinkommt.“
„Striegeln und Putzen darfst du die Ponys auch noch, wenn du noch Zeit hast.“
„Meine Mutter kommt so gegen siebzehn Uhr mich abholen“, erwiderte Michelle.
„Ja“, meinte Steffi, „dann hast du ja noch eine Stunde Zeit.
Nach dem Stallausmisten, Striegeln und Pferdebürsten durfte Michelle beim Futter geben helfen. Da gab es strenge Verordnungen. Das nahm Steffi gerne selbst in die Hand.

Mischel leerte den Hafer und das Futter in die Futterbox.

„Das machst du toll", sagte Steffi zu Michelle.
„Danke, macht auch viel Spaß", antwortete diese.
Dann fragte Marta: „Nächste Woche am Freitag: Wenn du willst, kannst du an der Longe Reiten, ich führe dich."
„Wirklich", rief Michelle begeistert, „das ist ja super."

Michells Mutter kam angefahren, sie stieg aus dem Auto, dann lief ihr Michelle schon entgegen. „Mama, ich darf am Freitag auf Fredo reiten in der Longe. Ist das nicht irre?"
Die Mutter freute sich mit ihrer Tochter und drückte sie fest an sich.
Steffi verabschiedete sich von den beiden und sagte zu Michelle: „Also, dann bis Freitag." Sie verschwand im Stall.
Als Mutter und Michelle im Auto saßen, war Michelle kaum zu bremsen. Sie erzählte ihrer Mutter jedes Detail, alles, was sie auf dem Reiterhof erlebt hatte.

Es war Donnerstag. Michelle musste noch eine Nacht schlafen, dann würde sie auf Fredo reiten dürfen.
Sie stand am Freitagmorgen schon um sieben Uhr auf. Sie lief zu ihren Eltern ins Schlafzimmer. „Mama, Papa, heute ist der allerschönste Tag. Ich darf zum ersten Mal auf einem Pferd, ich meine auf einem Pony, reiten."

„Jetzt nicht", brummte der Vater unter der Decke hervor. „Lass mich noch ein bisschen schlafen, dann fahre ich dich auch auf den Reiterhof."
„Um elf Uhr muss ich dort sein. Da warten Marta, Steffi und die anderen Mädchen auf mich."
„Ist ja schon gut", murmelte die Mutter. Später frühstückten sie alle zusammen. Dann ging es los.

Alle drei fuhren mit dem Auto zum Reiterhof. Die Mädchen und Steffi standen schon ganz gespannt auf der Koppel nebenan.
„Dann komm mal zu mir auf die Seite", sagte Steffi zu Michelle.
Fredo hatte ein Zaumzeug um und an der Seite hing eine lange Longe. Steffi half Michelle beim Aufsitzen. Sie winkte ihren Eltern zu. „Du musst dich gut festhalten", sagte Marta, „und das Gleichgewicht balancieren. Das machst du super."
Für das erste Mal war es ganz gut. Sie drehten noch ein paar Runden.
„Jetzt ist aber genug", sagte Steffi. „Du kannst kommen, wann immer du willst."
„Ich komme jeden Tag nach der Schule und helfe im Stall, und reite ab und zu auf Fredo. So ungefähr wie Reitstunden."
„Ja, das wäre super", riefen die Mädchen. „Wir kommen jeden Tag bei den Pferden vorbei." Sie lachten.
Michelle ging mit Marta und den Mädchen in den Stall.

Es gab dort jede Menge zu tun. Die Mädchen hatten großen Spaß mit Michelle. Sie wurden dicke Freundinnen und sind es noch heute.

Racker, der streunende Hund

Benny wachte morgens ganz früh auf. Er schlüpfte aus dem Bett und zog sich die Hausschuhe an. Er warf sich einen Morgenmantel über und lief in das Wohnzimmer. Opa war schon lange wach und fragte ihn: „Na, du kleiner Mann, bist du auch schon wach?“
„Guten Morgen, Opa“, sagte Benny.
„Es ist erst sieben Uhr dreißig, kannst du nicht mehr schlafen?“, fragte Bennys Großvater.
„Nein“, sagte Benny. „Ich habe von einem kleinen Hund geträumt, der war ganz alleine, ohne Frauchen und Herrchen.“
„Das gibt es doch gar nicht“, sagte der Großvater, „jeder Hund hat ein Zuhause. Jetzt komm frühstücken, ich mache dir einen schönen heißen Kakao.“
„Prima“, sagte Benny und lief mit Großvater in die Küche. Er setzte sich neben seinen Großvater, der eine Tasse Kaffee trank. „Sind Papa und Mama noch nicht wach?“, fragte Benny ganz verschlafen.
„Doch, deine Mutter bringt deine kleine Schwester Maya in den Kindergarten. Und Vater ist auf der Arbeit. Er musste heute früher los. Es gab viel zu tun bei ihm auf der Arbeit. Heute Mittag ist er wieder da.“
„Du Opa, darf ich nach dem Frühstück zu Peter, meinem Freund gehen? Mit ihm etwas draußen spielen.“

„Naja, mein Junge, wenn du magst, kannst du gerne rausgehen. Aber zum Mittagessen bist du wieder zuhause. Da essen wir alle gemeinsam zu Mittag." Dann fragte er weiter: „Sag mal, ist Peter denn so früh schon wach?"

„Mal schauen, vielleicht", antwortete Benny.

„Hast du heute keinen Unterricht? Du musst doch um acht Uhr dreißig in der Schule sein oder nicht?"

„Heute haben doch alle Lehrer in meiner Schule einen Lehrer-Ausflug und somit keinen Unterricht", sagte Benny.

„Soso", meinte Bennys Großvater. „Dann zieh dich an, dann kannst du zu Peter gehen. Und ich mache den Abwasch."

„Danke", rief Benny und gab seinem Großvater einen dicken Kuss auf die Wange. Benny zog eine blaue kurze Hose, ein beiges T-Shirt und blaue Turnschuhe an.

Es war ein heißer Sommertag im Juli.

„Tschüss Großvater, bis später."

„Tschüss bis später, pass auf der Straße auf."

Benny schloss die Türe hinter sich zu und verschwand.

Bei Peters Wohnung angekommen klingelte Benny zweimal. Da wusste Peter sofort, wer da vor der Türe stand. Es machte klick und die Tür ging auf.

Benny stieg einen Stockwerk nach oben.

Peters Vater stand an der Tür. „Hallo Benny, auch schon wach? Peter ist in der Küche und isst sein Frühstück, und ich muss zur Arbeit. Also machts gut alle zusammen."

Benny lief in die Küche. „Guten Morgen Frau Meinzer."

„Guten Morgen, Benny, Peter ist jeden Moment fertig. Dann könnt ihr zwei was zusammen unternehmen."

Peters Mutter packte den beiden belegte Brötchen und etwas zu trinken ein. „Dann geht mal los, ihr beide. Viel Spaß."

An der Hauswand stand ein Roller, er gehörte Peter. „Den nehm' ich mit. Wir können uns ja mal abwechseln."

„Ja gut", meinte Benny, bevor die beiden losspazierten.

Peter und Benny wollten eigentlich zu ihrer Ruine am Waldrand. Im Sommer spielten sie oft an der alten Mauer. Da gab es einen großen Wachturm. Da musste man steile Stufen hochlaufen. Es war ein herrlicher Ausblick von da oben. Sie liefen unterhalb der Ruine entlang, da gab es eine kleine Höhle. Diese war offen, aber nicht gerade gefährlich.

Peter lief Richtung Eingang der Höhle. Plötzlich hörte er etwas winseln. Er stupste Benny an: „Hör doch mal, da winselt doch jemand."

Sie liefen tiefer in die Höhle hinein. Hinten im Eck lag ein kleiner Knäuel.

„Es ist ein kleiner Hund", rief Benny.

„Und wie klein", fügte Peter hinzu.

Der Hund war total verzaust, hatte ein struppiges, verfilztes, schmutziges Fell. Schlimm sah er aus.
Benny wollte ihn auf den Arm nehmen, aber der kleine Hund war so ängstlich, dass er sich noch tiefer in die Höhle verkroch.

Es war ein ganz junger Colly. Er zitterte am ganzen Körper, so ängstlich war er.
Benny fragte Peter: „Hat er vielleicht Hunger oder Durst?“
„Mal schauen.“ Peter holte ein Wurstbrötchen aus seiner Tasche und hielt dem kleinen Hund die Wurst hin. Sofort schnupperte er an der Wurst.
Und so wagte er sich ein bisschen näher an die beiden Jungen heran. Er wusste nicht genau: Soll ich sie nehmen oder nicht? Er schnappte etwas von der Wurst und lief rasch wieder zurück auf seinen Platz, wo er gesessen hatte. Er nahm das Stück Wurst und verschlang es hastig.
„Du musst ja einen Bären-Hunger haben, du armer Hund.“ Benny fiel an der Vorderpfote eine offene blutende Wunde auf. Die beiden Kinder wichen nicht einmal von seiner Seite. „Wir müssen ihn hoch auf den Arm nehmen und ihn zu uns nach Hause bringen, vielleicht haben unsere Eltern einen guten Rat.“
Sie schnappten den Roller und nahmen den kleinen Streuner auf den Arm.
So liefen sie zu Benny nach Hause.

Zu Hause angekommen, stand Bennys Mutter schon am Eingang vor ihrem Haus. „Benny, was ist denn das?“, fragte die Mutter ganz entsetzt.

„Das ist ein kleiner, junger Hund, den haben wir in unserer Höhle in der Ruine gefunden.“

Der kleine Hund zitterte am ganzen Leib.

Bennys Großvater kam hinzu und sagte, dass ein paar Häuser weiter ein Tierarzt wohne.

„Da gehen wir sofort hin.“

Alle vier machten sich auf den Weg zum Tierarzt. Sie gingen in die Praxis von Dr. Eimerle.

Die Kinder erzählten dem Tierarzt alles, was bisher geschehen war. Der Tierarzt schaute sich gleich die vordere rechte Pfote an. Er machte die Wunde rasch sauber und verband sie sorgfältig. Dann gab er dem kleinen Hund eine Tetanus-Spritze.

Der Tierarzt war entsetzt, als er den kleinen Hund sah, so runtergekommen sah dieser aus.

Als er mit der Untersuchung fertig war, nahm Benny den kleinen zerzausten Hund auf seinen Arm und sagte: „Ab heute nenne ich dich Racker, weil du so lieb und tapfer warst.“

Racker bekam eine Schüssel mit Baby-Hundefutter.

Sie bedankten sich alle bei der Tierarzt-Helferin, natürlich auch bei Doktor Eimerle.

Beim Rausgehen aus der Praxis fragte Peter: „Was machen wir jetzt mit ihm?“
Bennys Mutter sagte: „Den nehmen wir ab heute bei uns in der Familie auf. Als neues Familienmitglied.“

Alle waren wahnsinnig erleichtert, dass alles noch ein gutes Ende genommen hatte.
Auch Peter war froh und meinte: „Dann kann ich ja jeden Tag zu dir und zu Racker kommen.“
Benny lachte und sagte: „Ab heute gehen wir mit unserem kleinen Rocker durch Dick und Dünn.“

Zusammen fuhren sie nach Hause. Und über den neuen Freund freuen sie sich noch heute.

Mary im Krankenhaus

„Guten Morgen, kleine Mary“, sagte die Mutter, als sie in Marys Zimmer kam. „Steh schon auf. Sabine holt dich gleich ab, um mit dir zusammen in die Schule zu gehen.“

„Ich kann heute nicht zur Schule gehen.“

„Warum denn nicht?“, fragte die Mutter.

„Ich habe schreckliche Halsschmerzen.“

„Das geht auch wieder vorbei.“

Mary hatte noch nie irgendwelche Wehwehchen gehabt.

„Komm mit runter in die Küche, da kannst du was frühstücken.“

„Na gut“, sagte Mary und zog sich an und ging hinunter an den Frühstückstisch.

Der kleine Räuber, also Marys kleine Katze, saß da und aß Katzenfutter.

„Guten Morgen, mein kleiner Räuber“, sagte Mary zu ihrer Katze und streichelte ihr über das Fell.

„Na, ausgeschlafen, meine kleine Schwester“, rief Jessica ihrer kleinen Schwester zu. Jessica war die Älteste, sie war sechzehn Jahre alt und ging in die neunte Klasse. Mary hingegen ging in die dritte Klasse.

Mary sagte zu ihr: „Lass mich in Ruhe.“

Jessica rief ihrer Mutter zu: „Also bis heute Mittag, ich muss in die Schule, meine Freundinnen warten an der Bushaltestelle auf mich.“

„Mach's gut", rief ihre Mutter zurück.
Mary hatte ihr Frühstücksbrötchen nicht angefasst.
Ihre Mutter fragte sie: „Ist es so schlimm?"
„Es tut einfach schrecklich weh beim Schlucken. Ich kriege nichts runter."
Es klingelte an der Tür. Sabine stand da. „Hallo, guten Morgen Frau Bäuerle."
„Guten Morgen", sagte die Mutter höflich.
Sabine lief in die Küche, wo Mary saß. „Bist du fertig?", fragte sie.
„Ich kann heute nicht zur Schule gehen."
„Warum denn nicht?", fragte Sabine.
„Ich habe schreckliche Halsschmerzen, ich kann kaum schlucken."
„Soll ich denn alleine zur Schule gehen oder kommst du später nach?"
„Ich glaube nicht", sagte Frau Bäuerle. „Ich werde sofort den Kinderarzt von Mary, Dr. Bauer, anrufen. Er soll vorbeikommen und nachschauen."
„Ok", sagte Sabine. „Ich komme noch mal nach der Schule bei dir vorbei, alles klar?"
„Alles klar", sagte Mary zu ihr.
„Also bis heute Mittag." Sie lief hinaus und die Türe fiel ins Schloss.
Mary fing zu weinen an. Marys Mutter ließ den Kinderarzt kommen. Er kam dann auch sofort vorbei und schaute sich die kleine Mary an.

„Naja“, sagte er. „Ihre Mandeln sind total gerötet und geschwollen, das so viel heißt, dass die Mandeln stark entzündet sind. Die muss man auf jeden Fall rausoperieren. Da führt kein Weg dran vorbei.“
„So schlimm?“, fragte die Mutter ganz aufgeregt.
„Eine Tasche packen und ab ins Krankenhaus. Ich werde dich selbstverständlich auch operieren.“
Mary schluchzte und fing schon wieder zu weinen an.

Mary war noch nie im Krankenhaus und schon gar nicht alleine. Diese Vorstellung war schrecklich.
Dr. Bauer sagte zu Mary: „Das ist alles halb so schlimm, du brauchst dir keine Sorgen zu machen, und deine Mama ist ja auch noch bei dir. Im Krankenhaus bekommst du nach der Operation immer Eis, so viel du möchtest, damit es nicht mehr so beim Schlucken wehtut und die Krankheit schneller abklingt.“
Die kleine Mary fiel ihrer Mutter um den Hals und weinte bitterlich.
„Ich lasse dich keine Sekunde alleine im Krankenhaus. Ich bin immer und jederzeit für dich da, mein kleiner Schatz.“ Die Mutter streichelte ihr liebevoll über den Kopf.
Dr. Bauer sagte, er müsse jetzt auch wieder gehen, denn draußen würden noch andere Kinder auf ihn warten. Die Mutter bedankte sich bei ihm.
„Alles Weitere werden Sie im Krankenhaus erfahren.“
„Danke noch mal.“ Sie schloss die Türe hinter sich zu.

Die kleine Mary kämpfte immer noch mit den Tränen. Die Mutter nahm sie in den Arm und sagte dann: „Deine beste Freundin Sabine wird dich besuchen kommen. Deine große Schwester und Papa kommen auch. Die werden dich alle besuchen, da bin ich mir ganz sicher. Auf jeden Fall wirst du immer jemanden um dich rumhaben." Ihre Mutter wischte Marys Tränen ab und sagte: „Jetzt werden wir deine Tasche zusammenpacken."
„Ja" sagte Mary schluchzend, „das machen wir."

Als die Tasche gepackt und alle startklar waren, verließen sie das Haus. Frau Bäuerle ging zur Garage und schloss das Auto auf. Sie stieg mit ihrer kleinen Tochter ein und fuhr Richtung Krankenhaus. Im Krankenhaus angekommen meldete sie die kleine Mary an der Rezeption an. Dann liefen sie zum Aufzug, denn sie mussten in den 4. Stock. Dort angekommen, liefen sie auch schon Schwester Tina entgegen.
„Ah, du bist die kleine Mary, ich bin die Krankenschwester Tina, die dich betreuen wird. Du hast das Zimmer 404. In dem Zimmer liegt noch ein anderes Mädchen, sie heißt Susi, sie ist sehr nett, ihr werdet euch bestimmt schnell anfreunden. Außerdem hat sie das gleiche Alter wie du."
„Jetzt lass ich euch in Ruhe, dann könnt ihr erst mal eure Tasche ausräumen", meinte Frau Bäuerle und verließ das Krankenzimmer.

Dr. Bauer, der Kinderarzt, kam am späten Nachmittag vorbei und sagte dann wie es weitergeht.
Mary lief zu ihrer Mutter und die sagte leise: „Es sind ja nur ein paar Tage und ich kann immer bei dir bleiben.“
„Au ja, das ist schön“, sagte Mary. Sie lächelte schon etwas.
Am Nachmittag kam Dr. Bauer ins Zimmer der beiden Mädchen. Mary fragte ganz vorsichtig: „Tut es schrecklich weh, wenn man die Mandeln rausmacht?“
„Nein. du schläfst tief und fest. Und bis du aufwachst, ist alles schon wieder vorbei“, beantwortete der Arzt ihre Frage.
Mary nickte nur. Die Mutter bedankte sich.
„Bis morgen früh, Mary“, sagte der Doktor beim Rausgehen und verließ das Zimmer.

Am nächsten Morgen kam Schwester Tina zu Mary in das Krankenzimmer. Sie machte die Vorhänge auf.
Marys Mutter schlief nebenan im Bett neben Mary.
„Jetzt geht es gleich los“, meinte die Krankenschwester.
„Aber du musst keine Angst haben“, sagte die Schwester Tina zu Mary.
Sie schob Marys Bett aus dem Krankenzimmer bis vor den Aufzug. Sie drückte auf einen bestimmten Knopf, der runter in den Operationsbereich führte.
Unten angekommen wurden sie schon von Dr. Bauer begrüßt, der das Bett in den Operationsraum lenkte.

Nun musste die Mutter draußen bleiben, wo sie sehnsüchtig wartete.

Die Operation war nach langem Warten endlich vorbei. Mary war noch etwas benommen von der Narkose. Aber schon nach kurzer Zeit öffnete sie ihre Augen. Sie war wieder wach.
„Ich bin bei dir, mein Schatz", lächelte ihre Mutter sie an. Mary richtete sich langsam auf.
Es klopfte an der Tür. Mary sagte ganz leise zu ihrer Mutter: „Es ist bestimmt die nette Schwester von heute Morgen. Sind wir mal gespannt, wer da vor der Türe steht." Beide sagten: „Herein."
Die Tür ging auf, und plötzlich sagte eine Stimme: „Na, meine Kleine, wie geht es dir?"
Es war Papa. Mary freute sich sehr: „Hurra, hurra … Papa!"
Schwester Tina kam hinzu und brachte der kleinen Mary eine ganze Portion Vanilleeis.
„Ist das alles für mich?", fragte Mary.
„Ja, ja, ganz alleine für dich", sagte Schwester Tina.
Mary ließ es sich nicht zweimal sagen und verputzte im Nu das ganze Eis.
„Mann, war das lecker", schwärmte Mary.
Dann ging wieder die Türe auf und Dr. Bauer betrat das Krankenzimmer.
„Na, wie geht es unserer kleinen Patientin?"
Voller Freude hörte Mary, dass der Doktor ihr ver-

sprach, schon in einigen Tagen wieder nach Hause zu können. Sie rief: „Dann bin ich endlich wieder zuhause und kann mit meiner Katze spielen."
„Ja, das kannst du", sagte der Vater.

Endlich war es soweit. Die Tasche wurde gepackt und Mary durfte mit ihren Eltern nach Hause fahren.
Unterwegs redete Mary nicht besonders viel.
Ja klar, der Hals tat noch etwas weh.
Mutter bemerkte, dass Mary so schweigsam war und versuchte sie zu trösten: „In ein paar Tagen merkst du das alles nicht mehr so sehr."

Doch es gab ja noch ein Trostpflästerchen: Das Eis, das sie von Schwester Tina noch zum Abschied bekommen hatte. Sie war wieder froh, endlich wieder zu Hause bei ihrer Katze zu sein.

Ein Ausflug mit dem Fahrrad

Es war an einem sehr heißen Sommernachmittag, als die drei Jungs, Pit, Frank und Dieter sich an ihren Fahrrädern zu schaffen machten.
Jeder von den dreien schaute nach, ob alles mit den Fahrrädern in Ordnung sei. Ob der Lenker sitzt, der Sattel an Ort und Stelle ist und vor allem, genug Luft in den Reifen war. Das war sehr wichtig.
Die Fahrräder standen die ganze Zeit im Keller. Da konnte es schon gut mal sein, dass das eine oder andere kaputt gegangen war.
Dieter schaute nach seiner Klingel, die war total verrostet. Da musste eine neue Klingel her.

Dieters Vater kam gerade die Einfahrt hochgefahren und hielt das Auto an. Er stieg aus und begrüßte die drei Jungs. „Hallo ihr drei, bastelt ihr bei dem heißen Tag an euren Fahrrädern herum?“
„Ja“, antwortete Pit. „Wir wollen doch morgen früh auf den Abenteuerspielplatz.“
„Wenn das kein Abenteuer genug ist“, sagte Dieters Vater lächelnd.
„Papa“, sagte Dieter, „meine Klingel am Fahrrad ist kaputt, sie klemmt und klingelt nicht mehr. Ich muss so oder so an eine Tankstelle und meine Reifen mit Luft

aufpumpen. Da kann ich bei dem Fahrradhändler nebenan vorbeischauen und eine neue Klingel kaufen, wenn du magst."
„Das wäre super", sagte Dieter. „Da kann ich sie nachher gleich reinmachen, dann sind unsere Fahrräder auch gleich startklar."
„Toll", sagte Dieters Vater. „Dann gehe ich noch schnell ins Haus und fahre dann gleich los."
„Können wir mitfahren?", fragte Dieter.
„Ja klar, könnt ihr das. Bis gleich", sagte Dieters Vater.

Die Jungs putzten mit einem Fahrradputzmittel ihre Räder. Die Speichen, Reifen, Lenker und das Fahrradgestell. Alles war blitzeblank sauber.

Die drei gingen auf das Haus zu, aus dem der Vater von Dieter ihnen schon entgegenkam. „Können wir losfahren?", fragte Dieters Vater.
„Natürlich", antwortete Frank ganz nervös.
„Also dann mal rein ins Auto."
Und schon rollte der Wagen davon.

An der Tankstelle pumpte Dieters Vater seine Reifen auf. Ein paar Meter weiter war auch schon das Fahrradgeschäft. Sie gingen hinein. Nach ein paar Minuten kamen sie wieder heraus mit einer neuen Fahrradklingel in der Hand.
Sie fuhren wieder nach Hause zu Dieters Eltern.
Dieters Vater befestigte die Klingel an Dieters Fahrrad

und meinte: „So, jetzt hast du wieder eine Klingel. Nun kann man dich auch hören, wenn du angefahren kommst.“
„Danke Papa“, sagte Dieter ganz stolz.
„Ich gehe schon mal ins Haus, kommst du auch bald nach?“, fragte Dieters Vater.
„Ja, gleich“, antwortete Dieter.
Die Jungs standen noch eine ganze Weile vor dem Haus und redeten miteinander.
Nachdem sie alles besprochen hatten, sagte Frank: „Komm Pit, wir gehen jetzt langsam nach Hause.“
Sie verabschiedeten sich voneinander und verabredeten sich für morgen früh um zehn Uhr.

Dieters Mutter hatte das Abendessen vorbereitet, und so saß die Familie am Esstisch zusammen.
Als sie fertig waren, schaltete Dieters Vater den Fernsehapparat ein. Er klickte dann so durch die Programme und überlegte, was man anschauen könnte.
Dieter kam hinzu und setzte sich neben seinem Vater auf das Sofa. Dieters Mutter räumte in der Küche auf.
Dieters Vater fragte: „Was haben wir denn morgen so alles vor?“
„Wir möchten morgen auf einen Abenteuerspielplatz. Da kann man tolle Sachen machen. Fußballspielen oder Versteckspielen im Wald, Räuber und Gendarm spielen. Das wird bestimmt aufregend“, sagte Dieter.
„Das glaube ich auch“, sagte Dieters Vater.

Sie schauten sich noch einen Film an. Danach ging Dieter ins Bett. Er wachte einige Male auf, er war so aufgeregt, dass er nicht einschlafen konnte. Irgendwann schlief er aber doch noch tief und fest ein bis zum nächsten Morgen.
Seine Mutter weckte ihn. „Aufstehen, du Abenteurer, heute wird es ein super schöner Tag."
Dieter rieb sich die Augen. „Ja, heute wird es ein aufregender Tag."
Er zog sich gleich fertig an und lief in die Küche. Der Vater saß schon da und trank eine heiße Tasse Kaffee. Seine Mutter packte ihm Getränke, Käsebrötchen und zwei Leberkäsbrötchen in die Wandertasche ein.

Draußen vor dem Haus hörte man schon die Fahrradglocken von Frank und Pit. Dann klingelten die beiden an der Tür von Dieters Haus. Alle hatten schwere Rucksäcke dabei.

„Tschüss Mama, Tschüss Papa", rief Dieter im Hinauslaufen seinen Eltern zu.
„Passt auf euch auf und fahrt vorsichtig mit den Rädern. Bis 18.00 Uhr seid ihr drei wieder zuhause, hört ihr?"
„Ja, alles klar, bis heute Abend, Mama und Papa", rief Dieter.

Sie waren schon eine ganze Weile unterwegs. Sie kamen an einer Lichtung vorbei. Die Straße, auf der sie fuhren,

war ganz schön holprig. Das war ein alter Kiesweg.
Am Rande des Weges lagen dicke Baumstämme. Das waren kranke Bäume, die man gefällt hatte. Sie setzten sich auf die abgesägten Baumstämme und machten eine kleine Pause. Nach ein paar Minuten ging es auch schon wieder weiter.
Frank sah am Waldrand ein Reh mit seinen Rehkitzen. Eines trank Milch von seiner Mutter, das andere graste. Es war ein harmonischer Anblick. Sie hielten mit viel Abstand eine Weile an.
„Wie niedlich", sagte Pit. Sie schauten eine Zeit lang zu, danach fuhren sie weiter. Sie wollten ja noch heute auf den Abenteuerspielplatz. Von weitem hörte man Kinder schreien und kreischen.
Dort endlich angekommen stellten sie ihre Fahrräder an einem Baum ab. Es gab ein kleinen Holzhäuschen, wo sie Rast machen wollten. Daneben standen zwei Holzfußballtore. Eine große Schiffschaukel, ein großes Klettergerüst, vier Schaukeln und eine große Wiese zum Rumtollen. Ein Junge schoss seinen Fußball direkt vor Dieters Füße.
„Komm, schieß rüber", sagte der Junge.
Dieter hob den Fußball auf und wollte gerade losschießen, da stand der Junge auch schon fast vor ihm.
„Ich heiße Lukas und wer seid ihr?"
„Ich bin der Dieter und das ist Pit und neben mir steht Frank. Meine besten Freunde."

„Wir können noch ein paar Fußballspieler gebrauchen“, sagte Lukas. „Das da am Tor, das ist Micha, wir spielen zu zweit, aber zu fünft macht es mehr Spaß. Wollt ihr mitspielen?“, fragte Lukas.
„Na klar“, sagten alle drei und folgten Lukas.
„Micha, wir haben noch drei Mitspieler“, sagte Lukas.
„Toll“, sagte Micha.
Sie spielten wie die Weltmeister. Der Fußball ging von einem zum anderen. Frank hatte schon etliche Tore geschossen. Pit hatte auch einige abgewehrt.
Doch irgendwann hatten die Jungs keine Lust mehr, Fußball zu spielen.
„Wir gehen mal zu der Schiffschaukel“, sagte Dieter zu den anderen.
„Vielleicht sehen wir uns später noch mal“, sagte Lukas.
„Ja, kann sein“, erwiderte Pit.
Die Schiffschaukel war am Ende des Abenteuerspielplatzes.
Sie liefen die Wiese entlang, bis sie vor der Schiffschaukel standen.
„Cool“, sagte Dieter.
„Da setzen wir uns gleich drauf“, sagte Frank.
Die Schiffschaukel ging wellenartig von vorne nach hinten. Die Schaukel war so groß und lang, sie ging hin und her. So schaukelten die Jungs und hatten einen riesen Spaß.

Ein kleines Mädchen wollte auch mal auf die Schiffschaukel klettern. Sie hielten an. Das Mädchen konnte gerade noch so hochklettern, aber ihre Füße waren zu kurz. Frank stieg ab und half dem kleinen Mädchen. Er sagte zu ihr: „Wenn du oben bist, musst du dich ganz doll festhalten."

„Ok", sagte das Mädchen.

Als alle wieder oben saßen, ging es los. Vor und zurück, hin und her ging die Schiffschaukel. Es machte einen wahnsinnigen Spaß. Die drei Buben lachten und freuten sich. Bald hatten sie genug vom Schaukeln. Ihnen war ganz schön schwindelig geworden.

So gingen sie an ihre Fahrräder und holten aus ihren Taschen die belegten Brote und Brötchen heraus. Eine kleine Pause hatten sie ja auch verdient. Sie liefen ein wenig hin und her. Da sagte Pit auf einmal: „Schaut mal, gegenüber ist ein kleiner Bach. Wir gehen mal hin. Sie liefen zu dem Bächlein.

Dieter hatte plötzlich eine Idee: „Wir ziehen unsere Schuhe und Socken aus."

Unten am Bach angekommen sprangen sie hinein und plantschten darin. Es machte einen Heidenspaß.

„Oh, ist das Wasser kalt", sagte Pit.

„Eine tolle Abkühlung", meinte Frank.

Am Rand des Baches sahen sie zwei Frösche.

„Vielleicht eine Froschfamilie", sagte Dieter.

„Kann schon sein", sagte Pit.

Sie blieben eine Weile am Bach sitzen. Es war so schön kühl. Die Vögel zwitscherten, der Bach rauschte leise vor sich hin. Richtig toll war es hier.

Irgendwann schaute Dieter auf seine Uhr.

„Mist, wir müssen bald aufbrechen und uns auf den Heimweg machen.“ Es ist siebzehn Uhr zehn. Wir müssen um achtzehn Uhr zuhause sein. Das habe ich meinen Eltern versprochen. Sonst machen sie sich Sorgen, wenn es später werden sollte. Sie hielten ihre Füße noch etwas in die Sonne zum Trocknen. Danach, als die Füße trocken waren, zogen sie ihre Socken und Schuhe wieder an.

Jetzt liefen sie zu den Fahrrädern, die sie am Baum abgestellt hatten. Sie packten alles wieder in ihre Taschen. Sie schauten noch nach Micha und Lukas, aber da war keine Spur mehr von den beiden zu sehen.

„Vielleicht sind sie schon nach Hause gegangen“, meinte Frank.

„Lass, wir fahren jetzt los“, sagte Dieter zu den beiden und so fuhren sie los. Pit sagte: „Wer zuerst an den großen Baumstämmen ist, hat gewonnen.“

Sie traten in die Pedale, so schnell sie konnten. Plötzlich musste Pit scharf bremsen. Ein Eichhörnchen lief ihm über den Weg. Es war ein rotes, kleines Eichhörnchen. Es huschte ganz schnell auf einen Baum. Pit hörte man nur noch schreien und stöhnen.

Frank und Dieter hielten ein paar Meter vor Pit an.

Pit lag mit dem Fahrrad auf dem Boden. Seine Hose war zerrissen. Das rechte Knie blutete ziemlich.
Dieter schaute sich die Wunde an. Es war eine ganz schlimme Schürfwunde.
„Wie ist das denn passiert?“, fragte Frank.
„Da war ein Eichhörnchen auf dem Weg, ich wollte bremsen und ihm aus dem Weg gehen“, sagte Pit vor lauter Schmerzen. Er verzog sein Gesicht. „Und dann habe ich auch schon dagelegen mit meinem Fahrrad.“
„Dein Lenker ist etwas verbogen, ich mache ihn dir wieder gerade“, sagte Dieter zu Pit.
Sie halfen ihm auf.
„Das letzte Stück müssen wir zu Fuß laufen.“
Frank nahm Pits Fahrrad und Dieter packte ihn am Arm. Es schmerzte sehr. Sie sahen schon die ersten Häuser weiter vorne.
„Gleich sind wir da, noch die Straße hinunter, dann haben wir es geschafft.“
Pit nahm allen Mut zusammen und humpelte neben Dieter her. Die Schmerzen waren kaum auszuhalten. Aber sie schafften es zu Dieter nach Hause.
Dieter schloss die Haustüre auf und sie betraten das Wohnzimmer. Dieters Mutter sah die drei und sagte ganz erschrocken: „Oh, was ist denn mit euch passiert?“
Dieter antwortete ihr: „Pit ist im Wald einem Eichhörnchen ausgewichen. Dann ist er hingefallen, weil er zu arg bremste.“

Dieters Mutter lief sofort in das Badezimmer und holte Verbandszeug und ein Desinfektionsspray. Sie machte etwas davon auf einen Tupfer. Sie sagte zu Pit: „Augen zu und tief durchatmen. Es brennt jetzt ein bisschen."
„Aua, Aua tut das weh", schrie Pit.
„Ich mache dir einen Verband um dein Bein. Bald geht es dir schon etwas besser", sagte Dieters Mutter zu Pit. „Leg dich ein bisschen auf das Sofa und ruh dich aus. Ich rufe deine Eltern an, dass sie dich abholen können."

Dieter und Frank blieben bei Pit sitzen.
„Auch wenn der Rest unseres Ausflugs etwas blöd gelaufen ist, war es doch ein wunderschöner Tag", sagte Pit.
„Ja, das war es", sagte Frank. „Wir haben viel erlebt."

Nach ein paar Minuten kamen auch schon Pits Mutter und Vater in das Haus. Die Jungs erzählten den Eltern was sie alles erlebt hatten und was geschehen war. Vom Anfang bis zum Ende. Sie ließen nichts aus.

Pits Vater hob Pit hoch und nahm ihn auf den Arm und trug ihn ins Auto. „Anschnallen nicht vergessen", sagte Pits Vater.
„Mach ich sofort", sagte Pit.
Frank und Dieter gingen zu Pit und sagten: „Das müssen wir unbedingt wiederholen, aber das nächste Mal ohne Fahrradunfall, wenn es geht."
Sie lachten alle miteinander.

„Wir drei hatten einen schönen Tag“, sagte Dieter. „Wir werden bald wieder auf Abenteuer gehen.“

Pit fuhr mit seinen Eltern nach Hause. Dieter und seine Eltern und Frank gingen zurück in das Haus.
„Alles noch mal gut gegangen“, sagte Frank. „Das hält uns nicht ab, noch mal eine Fahrradtour zu machen. Vielleicht ist es bald wieder soweit.

Abenteuer in einer Großstadt

Claudia und Sonjas Mutter verabschiedeten sich am Telefon von ihrer Schwester. Als die Türe aufging, kamen Claudia und Sonja nach Hause. Claudia hörte noch ihre Mutter sagen: „Also Anita; dann bis morgen, Tschüss."

„War das Tante Anita am Telefon?", fragte Claudia.

„Ja", sagte ihre Mutter. „Da morgen die Herbstferien beginnen, dachte eure Tante, ihr könntet ja fünf Tage bei ihr Ferien machen."

„Au ja", schrien die beiden ganz laut, „wir fahren zu unserer Tante Anita."

„Dann müsstest du, Claudia, auf deine kleine Schwester aufpassen." Die Mutter traute es Claudia zu, weil sie schon öfters alleine weggefahren waren.

Claudia war siebzehn Jahre alt, die kleine Schwester Sonja fünf Jahre alt.

Die Mutter sagte zu Claudia: „Da müsst ihr allerdings einmal umsteigen."

Claudia versuchte ihre Mutter zu beruhigen: „Mama, ich weiß, es ist ja nicht das erste Mal."

Mama erwähnte noch, dass sie alles nochmals aufgeschrieben habe, wann der Zug abfahrt und wann er ankommt.

Claudia fragte ihre Mutter noch: „Willst du nicht mitkommen?“

„Nein“, sagte sie, „Großmutter geht es sehr schlecht und ich muss nach ihr schauen. Aber ihr beide bekommt das schon hin. Wenn was ist, könnt ihr auch den Schaffner fragen.“

Claudia und ihre Familie wohnten in einem kleinen Dorf mit gerade mal zweitausend Einwohnern. Tante Anita hingegen in einer Großstadt, das war natürlich ein himmelgroßer Unterschied.

Mama packte Sonjas Gepäcktasche, Claudia packte ihre Tasche selbst. Die drei machten noch einen schönen Spieleabend zusammen.

Danach gingen sie schlafen.

Der Morgen dämmerte schon, alle waren schon wohlauf. Sie frühstückten noch alle zusammen, dann ging es auch schon los. Sie zogen sich warme Schuhe und Jacken an, draußen war Nebel und es war bitterkalt.

Sie verließen das Haus und stiegen in das Auto.

Die Mutter sagte: „Am Bahnhof müsst ihr noch zehn Minuten auf den Zug warten. Er fährt so gegen zehn Uhr fünfunddreißig ein und fährt um zehn Uhr fünfundvierzig wieder ab.“

Mama sagte noch, „ihr müsst umsteigen, das wisst ihr ja.“

„Wir kriegen das schon hin“, erwiderte Claudia. „Mach dir keine Sorgen, Mama.“

Am Bahnhof angekommen sagte die Mutter: „Ich hole noch schnell zwei Fahrkarten. Dann bringe ich euch noch zu den Gleisen, ok ihr zwei?“
„Alles klar“, sagte Claudia.
Zehn Minuten später fuhr der Zug ein. Als er anhielt, machte die Mutter die Türe vom Zug auf.
„Handy hast du dabei?“, fragte die Mutter Claudia.
„Ja, in meiner Hosentasche“, bekam sie zur Antwort.
„Dann ist es ja gut“, sagte die Mutter. „Und ruft an, wenn ihr bei Tante Anita angekommen seid.“
„Tschüss Mami“, sagte die kleine Sonja zur Mutter und drückte die Mutter feste.
„Tschüss Mama“, sagte auch Claudia.
„Tschüss, ihr beiden, passt auf … und ich hab’ euch schrecklich lieb.“
„Wir dich auch“, sagte Claudia und nahm ihre Mutter feste in den Arm. „Sag Großmutter viele Grüße von uns.“
„Ja, natürlich, ich werde es ihr ausrichten“, sagte die Mutter.

Sie stiegen in den Zug ein und setzten sich gleich an das Fenster. Der Zug fuhr los und sie winkten der Mutter noch eifrig zu. Ihre Mutter war bald nicht mehr zu sehen.
„Jetzt ist Mama weg“, sagte die kleine Sonja.
„Ja, jetzt ist sie weg“, sagte Claudia, „jetzt fahren wir erst mal zu Tante Anita und machen da schöne Ferien.“

Sonja nickte mit dem Kopf und schaute ganz gespannt aus dem Fenster.
Nach einer Weile hielt der Zug an einer Großstadt an.
„Komm Sonja, wir müssen jetzt umsteigen, der nächste Zug fährt dann direkt zu Tante Anita."
Sie stiegen aus dem Zug.
„Ich schaue kurz auf mein Handy, wie viel Zeit wir noch zum Umsteigen haben." Claudia blieb auf den Gleisen stehen und schaute auf ihr Handy. „Ein paar Minuten haben wir noch", sagte sie zu Sonja.
Als sie keine Antwort von Sonja bekam, schaute sie sich um. Die Türen fielen zu und der Zug rollte los.
„Sonja", rief Claudia ganz aufgeregt. Sonja rief sie immer wieder. Aber nirgends war Sonja zu sehen.
Claudia lief auf dem Bahnsteig ganz aufgeregt auf und ab. Auf dem gegenüberliegenden Bahngleis sah Claudia einen Schaffner gerade in den Zug steigen. Sie schrie: „Warten, warten Sie."
Der Schaffner schloss noch nicht die Türen.
Claudia war ganz außer Atem und schrie ihm zu: „Haben Sie vielleicht ein kleines Mädchen gesehen? Rote Jacke, blaue Jeanshose, schwarze Winterschuhe. Sie ist meine kleine Schwester. Sie ist fünf Jahre alt … haben Sie sie gesehen?"

„Nein", sagte der Schaffner, „leider nicht. Ist sie dir davongelaufen?", fragte der Schaffner.

„Sozusagen", sagte Claudia. „Wir stiegen ein und ich hatte sie kurz losgelassen, um auf mein Handy zu schauen, wann der nächste Zug fährt. Ich drehte mich um und schon war sie weg."

„Ich halte die Augen offen", sagte der Schaffner. „Ich lasse sie durch das Mikrofon ausrufen. Bleib du hier stehen, vielleicht finden wir sie, dann bringen wir sie zu dir."

Claudia setzte sich auf die Bank.

„Vielleicht sieht sie jemand und bringt sie zur Bahnhofsmission."

„Ja, vielleicht", sagte Claudia ganz verstört. „So etwas ist mir noch nie passiert, warum gerade jetzt?", sagte Claudia zu sich selber. „Sonja war noch nie alleine in einer Großstadt, sie war noch nie alleine irgendwo."

Sonja lief, bis sie an eine Unterführung kam. Sonja stieg die Treppe hoch bis nach draußen. Sie wusste nicht wo sie war.

So viele Autos, so viele Menschen hatte sie noch nie gesehen. Sie war in der Fußgängerzone gelandet. Sie lief den Gehsteig entlang und sah einen Zug.

Ein Zug auf der Straße, dachte sie, das ist natürlich kein Zug, sondern die Straßenbahn. Sie sah viele Läden mit Leuchtreklamen und lief weiter.

Sie kam an einen großen Platz. Den Marktplatz.

Da sah sie viele Tauben rumkrabbeln. Sie lief auf die Tauben zu, die dann leider davonflatterten.

Die Tauben hatten natürlich Angst, genauso wie Sonja. Sie setzte sich auf den Bordstein und sagte zu sich selbst: „Ich möchte zu Mami." Dann lief sie die Straße entlang. Die Menschen rannten an ihr vorbei, als sei sie nicht da.

Sie kam an eine lange Straße, wo weiter vorne eine Bäckerei war. Sie lief auf die Bäckerei zu und betrat den Laden. Die Verkäuferin beugte sich nach vorne und blickte auf die kleine Sonja. „Wer bist du denn?", fragte die Verkäuferin. Wie heißt du denn, mein Kind?"

„Ich heiße Sonja, ich habe Hunger und mir ist es kalt."

Die Verkäuferin gab ihr eine Brezel zu essen.

Die Verkäuferin wunderte sich, dass sie alleine war und fragte Sonja: „Wo sind denn deine Eltern?"

„Ich bin da mit meiner Schwester, wir sind mit dem großen Zug gefahren", erzählte Sonja der Verkäuferin.

„Wie heißt denn deine Schwester?", wollte die Verkäuferin wissen.

„Meine Schwester heißt Claudia", sagte Sonja.

„Aber wo ist Claudia?"

„Beim Zug", sagte Sonja. In der Zwischenzeit rief die Tante Anita bei der Mutter von den beiden an.

Sie erzählte, dass weit und breit keine Sonja und Claudia eingetroffen sind. Es wäre schon eine dreiviertel Stunde her. Die Mutter machte sich Sorgen und rief bei Claudia an. Claudia ging ans Telefon, die Mutter sagte: „Wo seid ihr denn, Tante Anita wartet schon auf euch."

Claudia sagte zu Mama: „Sonja ist weg, ist einfach davongelaufen, ich hatte mich nur kurz umgedreht, da war sie auch schon weg.“
Die Mutter war ganz aufgeregt und meinte zu Claudia: „Bleib, wo du bist, ok?“
Sonja erzählte der Verkäuferin immer noch ihre Geschichte, bis die Verkäuferin Sonjas Tasche nahm und darin einen Zettel fand. Auf dem Zettel standen die Adresse und Telefonnummer. Die Verkäuferin sagte zu Sonja: „Ich rufe mal deine Mutter an, dass du bei mir bist, so brauch sie sich keine Sorgen zu machen.“
Bei der Mutter klingelte das Telefon, die Verkäuferin sagte der Mutter: „Ich habe hier ein kleines Mädchen, die sitzt hier bei mir in der Bäckerei und isst eine Brezel, sie hat sich verlaufen.“
Die Mutter sagte ganz aufgeregt: „Ja, wo ist das denn, wo kann ich meine Tochter abholen?“
Die Verkäuferin sagte die Adresse.
Die Mutter wollte sie sofort abholen kommen.
Sie rief noch Claudia an und sagte: „Bleib am Bahnhof, ich werde dich da abholen.“
Sie informierte Claudia darüber, dass Sonja in einer Bäckerei sei. „Die Verkäuferin hat mich angerufen, ich hole erst sie und dann dich.“

Die Mutter fuhr los und kam etwas später an der Bäckerei an, sie fragte die Verkäuferin: „Was bekommen Sie

denn für die Brezel?“
Die Verkäuferin sagte: „Es ist gut, dass Sie Ihre Tochter unbeschadet wiederhaben.“
Die Mutter war nun beruhigt und meinte: „Ja, das stimmt, nun muss ich weiter und meine zweite Tochter holen, sie ist am Bahnhof und wartet dort auf mich.“
Sie verabschiedete sich von der Verkäuferin und fuhr schnurstracks zum Bahnhof, wo Claudia auch schon ganz aufgeregt wartete.
Claudia begann sich sofort zu entschuldigen: „Ich kann nichts dafür, das ist mir noch nie passiert.“
Die Mutter hatte Verständnis und meinte: „Ist schon gut, alle sind da und gesund.“ Und dann fügte sie hinzu: „Ich habe Tante Anita angerufen und ihr gesagt, dass ich euch hinfahren werde. So kann nichts mehr passieren.“
Die Mutter fuhr los, unterwegs freuten sich alle, dass sie sich wiederhaben. Sie fuhren noch eine halbe Stunde, bis sie dann bei Tante Anita ankamen.
Tante Anita stand schon vor dem Haus und freute sich, dass die Kinder endlich und gesund da waren.
Die Mutter sagte: „Das war ein Abenteuer … oder?“
Sie gingen in Tantes Haus, wo Tante Anita Sonja einen heißen Kakao machte.

Sie hatten nicht lange zusammengesessen, da verabschiedete sich die Mutter. „Ich muss jetzt wieder los,

Großmutter ist alleine zuhause, ich habe noch eine lange Fahrt vor mir. Also Tschüss und seid lieb."
Und schon war sie weg. Die Kinder freuten sich, dass alles gutgegangen ist.

Ein Tag am Baggersee

Herr Klein, der Vater von den Kindern Tina und Kai, war zuhause. Seine zwei Kinder Tina und Kai schauten einen interessanten Film an. Der Vater reparierte gerade das ferngesteuerte Auto von Kai.
Tina die Jüngste war neun Jahre alt und Kai elf Jahre.

Plötzlich schob jemand einen Schlüssel in das Türschloss. Es war natürlich die Mutter von den beiden. Sie kam gerade vom Großeinkauf nach Hause.
„Hilf mir mal bitte beim Auto ausladen", sagte die Mutter zum Vater. „Die Taschen und Getränke sind ganz schön schwer."
„Mache ich sofort", sagte der Vater zu seiner Frau. Er ging zum Auto und holte die Getränke und die Taschen ins Haus.
„Ich habe ein paar weiße und ein paar rote Grillwürstchen mitgebracht", sagte die Mutter. „Wie wäre es denn, wenn wir am Samstag an einen Baggersee fahren und uns einen schönen Tag machen?"
Der Vater meinte, dass dies eine gute Abwechslung wäre. „Natürlich fahren wir dorthin", erwiderte der Vater.
Tina lief zu ihrer Mutter und fragte sie: „Hast du auch Schokoladenbonbons mitgebracht, Mami?"
„Natürlich, mein Schatz, und am Samstag, also morgen,

fahren wir an den Baggersee. Wenn ihr Lust habt, dann könnt ihr rumtollen, badengehen und machen, was immer ihr wollt."
Vater rief: „Kai, dein Auto ist fast fertig. Nur noch eine Kleinigkeit, dann gehört das Auto wieder dir."
„Au ja, toll, da kann ich nachher draußen noch ein bisschen spielen. Natürlich erst nach dem Abendbrot."
Es war Spätsommer und von daher war es draußen noch lange hell.
Tina fragte ihre Mutter: „Kann ich dann mit Kai draußen mit meinem Roller fahren?"
„Klar", sagte die Mutter. Sie räumte die Lebensmittel noch in den Schrank, danach richtete sie das Abendbrot. Als alle mit dem Abendbrot fertig waren, sagte Kai zu seiner Schwester: „Komm, lass uns nach draußen gehen zum Spielen."
„Ok", sagte Tina zu ihrem Bruder.
„Aber bleibt weg von der Straße, ihr spielt nur im Hof. Habt ihr verstanden?", sagte die Mutter.
„Wir passen schon auf", sagte Kai und nahm sein ferngesteuertes Auto unter den Arm. Sie verschwanden, als die Haustüre zufiel.
Die Mutter räumte das Geschirr vom Abendessen weg. In der Küche setzte sie Kartoffeln auf für den Kartoffelsalat. Sie machte den Kartoffelsalat immer so wie ihre Mutter ihn immer zubereitet hatte. Er war einfach köstlich, die Kinder mochten ihn auch sehr gerne.

Der Vater arbeitete noch etwas in seinem Arbeitszimmer. Er war Anwalt und hatte immer etwas zu tun. Nach einiger Zeit kamen Kai und Tina ins Haus zurück. Die zwei gingen auf ihr Zimmer und spielten noch etwas mit den Legosteinen. Die Mutter brachte die Kinder etwas später ins Bett.

Auch die Eltern gingen schlafen.

Die Mutter machte den Vater darauf aufmerksam, dass es draußen regnete. Der Regen plätscherte auf das Dachfenster hernieder. Die Mutter meinte: „Hoffentlich regnet es morgen nicht, wenn wir zum Baggersee fahren wollen."

Der Vater murmelte in seinen Bart hinein: „Im Wetterbericht sagten sie, dass es morgen zweiunddreißig Grad geben soll. Ich glaube nicht, dass es morgen regnen wird."

„Ich glaube es auch nicht", sagte die Mutter. Sie war fest davon überzeugt, dass es morgen ein schöner Tag werden wird. Danach schliefen sie alle ein.

Am nächsten Morgen war die Mutter als Erste aufgestanden. Sie lief in die Küche und füllte den Kartoffelsalat in eine große Tupperschüssel um. Die Bratwürste wurden verpackt und Tomaten und Gurken zurechtgeschnitten. Sie legte dann noch einige Äpfel mit in den Korb. Eine kleine Tüte mit Gummibärchen durften auch nicht fehlen. Sie packte noch Getränke und Brötchen ein.

Vater kam in die Küche und sagte zur Mutter, dass er den Grill und das Grillbesteck ins Auto lege.
„Ist gut", sagte die Mutter.

„Grillanzünder fehlen auch noch", ergänzte der Vater, „ich packe alles ins Auto."
Die Kühltasche ist fast fertig", sagte die Mutter. Damit es nicht so lange dauerte mit dem Zusammenpacken, machte sie alles sofort selbst, damit nichts vergessen werden würde. Teller, Tassen und Besteck wurden auch eingepackt.
Sie ging in die Zimmer der beiden Kinder.
„Ihr seid ja fast schon fertig mit Anziehen", sagte sie überrascht. „Dann kann es ja bald losgehen. Eure Badehosen, Sonnencreme und Badehandtücher nehme ich in der anderen Tasche mit."
„Sind alle fertig?", fragte der Vater, als er in das Kinderzimmer kam.
„Ja", schrien Tina und Kai, „wir sind fertig."
„Wir können los zum Baggersee", sagte die Mutter und streichelte Kai und Tina übers Haar. „Dann fahren wir jetzt los, steigt alle ein."
Das brauchte sie den beiden nicht zweimal zu sagen. Die Autotüren fielen zu und der Motor startete.
Sie waren alle bereit für den Baggersee.
Tina zählte mit Kai die vorbeifahrenden Autos.
„Wer am meisten Autos gezählt hat, hat gewonnen", sagte Tina. Sie machten das Spiel so lange, bis sie am

Baggersee angekommen waren.
Das waren viele Autos, die sie gezählt hatten. Kai hatte die meisten Autos gezählt – mehr als Tina.
Er hatte auch etwas geschummelt.
Tina schaute aus dem Fenster und staunte dann nicht schlecht über das, was sie da sah. Sie rief ganz aufgeregt: „Papa, ist das der Baggersee?“
„Das ist der See, wo wir jetzt Baden gehen werden“, sagte der Vater. Das Auto parkte in der Nähe vom Baggersee. Es führte ein schmaler Weg zum See.

Inmitten einer Wiese war der See.
Tina sagte: „Wow, wie groß der See ist.“
Die Familie packte alles aus und trug es an eine Feuerstelle, wo sie auch später zusammen grillen wollten.
Drumherum war nur noch Wald. Es gab da zwei Bänke und einen Tisch aus Baumstämmen. Sie legten alles ab und schauten sich um, was es dort alles zu sehen gab.
Kai lief etwas weiter weg.
Als er zurückkam, berichtete er seinen Eltern, dass es in der Nähe ein kleines Restaurant gebe, wo man auf einer Bank sitzen und was zu Essen und Trinken bestellen kann.
„Ja, aber wir grillen ja später hier alle zusammen. Das ist viel cooler oder?“, sagte Papa. „Dann zeige ich dir wie man das Feuer anmacht.“
„Ist ok“, sagte Kai.
„Komm Kinder, ich werde euch mit Sonnenmilch ein-

cremen, danach könnt ihr ins Wasser gehen mit eurem Papa", sagte die Mutter.
„Und was machst du? Kommst du nicht mit?", fragte Tina.
„Nein", sagte die Mutter, „ich werde ein Buch lesen und mich sonnen, wenn es recht ist."
„Ist gut Mami, dann gehe ich mit meinem Bruder ins Wasser und du bleibst solange da", sagte Tina.

Der See füllte sich so langsam. Es kamen immer mehr Leute mit ihren Kindern. Manche spielten Fußball, andere wiederum spielten Handball. Ein paar Mädchen spielten Federball. Da war einiges los. Manche fingen an der Feuerstelle das Feuer anzumachen.
Der Vater kam alleine an seinen Platz zurück. „Wo sind denn die Kinder?", fragte die Mutter.
Sie durften mit vier anderen Kindern Frisbeescheibe spielen. Die Kinder Tina und Kai kamen zu ihren Eltern gelaufen.
„Kai möchte mit mir das Grillfeuer anschmeißen, damit wir unsere leckeren Grillwürstchen grillen können", sagte er Vater.
„Besser als wie mit der Frisbeescheibe zu spielen. Da muss man immer hochspringen und hinterherlaufen, wenn man sie nicht fängt. Das finde ich blöd", meinte Kai.
Die Mutter fragte Tina: „Hat es dir Spaß gemacht?"
„Sie hatte nur zugeschaut", sagte Kai.

Die Mutter stand auf und stellte das Essen auf den Tisch. Kai holte eine Flasche Quellwasser aus der Kühltasche und trank einen großen Schluck daraus.
Mit dem Feueranmachen dauerte es etwas, aber nach kurzer Zeit brannte es dann doch.
„Toll“, sagte die Mutter, „dann können wir auch gleich mit Grillen anfangen, wenn genügend Glut da ist.“

Dar Vater ging etwas in den Wald, um Stöcke zu holen. Er kam ans Feuer zurück und meinte zu Kai: „Das haben wir doch super hinbekommen mit dem Feuer, dann können wir ja jetzt anfangen zu grillen.“

Jeder nahm sich eine Wurst und hielt sie über das Feuer.
„Nicht so nah ans Feuer gehen, es ist furchtbar heiß“, sagte der Vater. „Mit etwas Abstand rangehen.“
Tina machte es sehr gut. Sie drehte sich nur kurz zu Kai um, als es geschah.
„Meine Wurst ist ins Feuer gefallen“, sagte Tina.
„Macht doch nichts. Wir haben genug Würstchen und Stecken, das ist gar nicht schlimm. Du bekommst eine neue Wurst und einen neuen Stecken, einverstanden?“, meinte ihre Mutter.
„Ja“, sagte Tina.
Sie waren gerade am Essen als die Mutter zum Himmel hochblickte und meinte: „Schaut mal die Wolken an, die ziehen sich zusammen.“
Der Vater lachte: „Du hattest mal wieder recht mit dem Wetter, aber es hält bestimmt, bis wir fertig sind mit

dem Essen.“

Nach einer Weile rief Kai: „Ich habe ein paar Tropfen abbekommen. Auf einmal … wie aus heiterem Himmel … fing es auf einmal wie aus Eimern an zu regnen.

Alle waren im Nu pitschepatschenass. Die Würste, Teller, der Kartoffelsalat, die Handtücher schwammen auf dem Tisch herum, und im Nu war auch das Feuer erloschen.

Tina stand pitschenass da und jammerte: „Ich will nach Hause.“

„Ja“, sagte der Vater zu Tina, „wir packen so schnell es geht alles zusammen und dann fahren wir auf dem schnellsten Weg nach Hause.

Sie packten alles zusammen und liefen zum Auto.

Sie stiegen ein und fuhren nach Hause.

Zuhause angekommen trockneten sie sich mit einem trockenen Handtuch ab.

Papa sagte: „Wir haben heute zweimal gebadet, einmal im See und einmal im strömenden Regen.“

Kai sagte: „Ich fand es trotzdem toll und aufregend, jetzt weiß ich endlich wie ein Grillfeuer geht.“

„Nächstes Mal, wenn es nicht regnet, werde ich auf deine Mutter hören“, sagte der Vater. Sie schauten sich alle an und fingen zu lachen. Diesen Tag am See werden sie wohl nicht so schnell vergessen.

Pina und der kleine Wanderzirkus

Pina und ihre Mutter fuhren zu ihren Großeltern. Sie hatten für sie eingekauft und brachten die Einkaufstaschen zu Großmutters Wohnung. Da angekommen machte die Mutter die Türe auf und die beiden traten ein. Großvater lag mit der Zeitung auf dem Bauch in seinem alten Sessel. Er war natürlich eingeschlafen.

Pinas Großmutter war schon längst in der Küche und kochte Obst ein. Sie kochte Erdbeer- und Himbeer-Marmelade. Erdbeer-Marmelade mochte der Großvater so gerne, genau wie Pina. Sie mochte sie auch. „Hallo Großmutter“, sagte Pina, als sie die Küche betrat. Oma gab Pina einen ganz dicken Kuss auf die Wange. „Kochst du gerade deine Marmelade?“, fragte die Mutter von Pina.

„Ja“, sagte die Großmutter. „Mit der Marmelade bin ich schon fertig. Nur noch etwas abkühlen lassen, dann könnt ihr zwei oder drei Gläser mitnehmen.“

„Erdbeer-Marmelade das ist meine Lieblings-Marmelade.“

„Das weiß ich“, sagte die Großmutter, deshalb habe ich sie auch gekocht, mein kleiner Schatz.“

Sie gab Tina nochmals einen dicken Kuss auf die Wange.

„Hier sind deine Einkäufe, die wir für dich eingekauft

habe“, sagte die Mutter.
„Oh, vielen, vielen Dank dafür. Dann muss ich mit meinem kranken Fuß nicht in die Stadt laufen. In unserem Alter sind wir nicht mehr so gut zu Fuß. Da kommen dann die kleinen Wehwehchen. Großvater hat es am Kreuz, er kann auch nicht mehr so wie es er gerne hätte. Er ist auch eingeschränkt, genau wie ich“, sagte die Großmutter zu den beiden.
„Wir erledigen dir alles sehr gerne“, sagte die Mutter zur Großmutter.
„Ihr braucht nur anzurufen und schon sind wir da“, sagte Pina zu ihrer Oma.
Pinas Großmutter nahm sie an der Hand und sagte zu ihr: „Komm mal mit in die Stube, mal schauen, ob Opa immer noch vor sich hinschnarcht.
Alle drei liefen in das Wohnzimmer.
„Opa schläft immer noch“, sagte Pina zu ihrer Oma.
„Soll ich ihn mal auskitzeln?“, fragte Pina ihre Mutter.
Sie lief zu Opa an den Sessel, in dem er saß.
Ganz leise schlich sie sich an ihn heran.
Plötzlich stolperte sie über die großen Pantoffeln von Opa und fiel auf Opas großen Zeh.
„Aua, Aua“, schrie er und war jetzt natürlich hellwach.
„Aua, tut das weh“, sagte Opa ganz erschrocken.
Er sagte: „Meine Lieblingsenkelin ist ja da.“
Opa sagte das jedes Mal, wenn Pina zu Besuch kam.
Denn er hatte ja nur die eine Enkeltochter.

„Jetzt müssen wir los zu Papa. Er kommt bald von der Arbeit nach Hause“, sagte die Mutter. „Das Essen müssen wir auch noch kochen.“
Bevor sie dann losgingen, kam die Oma und meinte: „Ich packe euch ein paar Gläser der selbstgemachten Marmelade ein.“
Sie gingen in die Küche und verabschiedeten sich noch voneinander. Dann gingen Oma und Opa wieder ins Haus zurück.
Pina und ihre Mutter fuhren nach Hause.

Pina betrachtete beim Vorbeifahren die vielen Reklameschilder. Sie konnte auch schon etwas lesen, denn sie war schon sieben Jahre alt und ging in die zweite Klasse.
„Ich kann es nicht so gut lesen, was da draufsteht, du fährst zu schnell“, rief sie etwas sauer, denn sie wollte es doch selbst lesen.
„Auf der Reklame ist ein Clown mit zwei Löwen zu sehen. Ich glaube, es ist ein Zirkus, der zu uns kommt“, sagte Mutter.
„Wann kommt der denn?“, fragte Pina ganz aufgeregt.
„So viel ich lesen kann … von Freitag bis Dienstag, also ganze vier Tage.“

Sie fuhren nach Hause und kurze Zeit später kam Pinas Vater zur Türe herein.
Mutter deckte gerade den Tisch.
„Hallo mein Schatz“, sagte der Vater zur Mutter, er gab ihr einen Kuss und fragte, wo Pina sei.

„Sie spielt im Kinderzimmer mit ihren Babypuppen", antwortete die Mutter.
Dann rief sie nach ihr, sie solle zum Essen kommen.

Pina erzählte die ganze Zeit beim Essen vom Zirkus.
„Wohin kommt denn der Zirkus? Auf welchen Platz?", fragte der Vater interessiert.
„Es sind nur zehn Minuten von hier", schaltete sich die Mutter ein. „Hinter dem Einkaufszentrum auf der großen Wiese."
Dann räumte sie den Abendtisch ab und machte die Küche sauber. Danach schaute sie noch ein bisschen Fernsehen.
Erst ging Pina schlafen, etwas später die Eltern.

Am nächsten Morgen war Pinas Vater schon aus dem Haus beim Arbeiten. Pina kroch in das Bett ihrer Mutter und schon ging die Fragerei los: „Mama, ist der Zirkus jetzt schon da?"
Mutter war noch ganz verschlafen und antwortete: „Ich weiß es nicht so genau, heute oder morgen, ich weiß nur, dass am Freitag um fünfzehn Uhr dreißig die erste Vorstellung beginnt." Und dann fügte sie hinzu: „Weißt du was, meine kleine Maus, wir gehen nun ins Einkaufszentrum, kaufen ein paar Brötchen, kommen dann nach Hause und essen die selbstgemachte Erdbeermarmelade von deiner Oma."
„Ja, das machen wir", sagte Pina.
„Ich muss noch im Einkaufszentrum einen Tabak kau-

fen für Opas Pfeife“, sagte Mutti noch.
Sie verließen das Haus und fuhren zum Einkaufszentrum. Als sie fast angekommen waren, schrie Pina ganz laut: „Da stehen ja schon ganz viele Wohnwagen.“
Hinter den Wohnwagen stand ein ausgewachsenes Lama und graste auf der Wiese.
„Oh toll“, meinte Pina, „der Zirkus ist ja schon da, siehst du? Er ist schon da … Juhu … der Zirkus ist da.“

Sie parkten auf dem Parkplatz vor dem Einkaufszentrum, aber Pina schaute immer nur in Richtung Wohnwagen und natürlich … zu dem Lama.

„Sollen wir uns mal den Zirkus von Nahem anschauen?“, fragte Pina ganz lieb ihre Mutter.
„Na gut, nur geschwind, ganz schnell, dann gehen wir Tabak und Brötchen kaufen.“
Sie liefen zu den Zirkuswagen hin.
Die Arbeiter von Zirkus bauten gerade das Zelt auf.
Pina fragte ihre Mutter, wo denn die Tiere seien.
Mutter war klar, dass Pina diese gerne sehen wollte.
„Komm Pina, ich glaube, sie stehen hinter dem Zelt, hinter der Manege.“
Da hatte sie Recht gehabt. Da war ein großes Zelt mit Pfosten und Seilen.
Pina stand gleich vor dem Zelt, in dem die Tiere untergebracht waren. Es roch nach Heu und Stroh.
Plötzlich hörte Pina ein Wiehern und ein Geräusch, das ihr verriet, dass wohl ein Tier mit den Hufen scharrte.

Pina hatte richtig vermutet: Sie stand mit ihrer Mutter vor dem Zelt, in dem die Tiere die Nacht verbracht hatten.
Da gab es drei Zwergponys, drei große Pferde, eine Ziege und zwei Lamas. Hinter dem Zelt befanden sich drei Löwen in einem Käfig und zwei Elefanten.
Pina staunte: „Das sind ja viele Tiere!“
Weiter vorne im Zelt saß ein Mädchen, vielleicht elf Jahre alt, und putzte die Sattel von den Pferden.
Das Mädchen stand auf und lief zu Pina und deren Mutter. „Kann ich euch weiterhelfen?“, fragte das Mädchen.
„Meine Tochter Pina wollte nur die Tiere anschauen“, antwortete die Mutter.
„Du bist also die Pina, die alles anschauen will.“
Pina nickte mit dem Kopf. Sie fasste ganz fest die Hand ihrer Mutter.
Dann sagte das fremde Mädchen: „Mein Name ist Linn. Willst du mal alles genauer anschauen?“
„Das will ich gern“, Pina freute sich, dass das Mädchen ihr das anbot.
Doch dann meinte Mutter: „Komm wir müssen nur noch ein paar Besorgungen machen.“
Plötzlich stand ein fünfundzwanzigjähriger Junge vor ihnen. Er sagte: „Hallo, wir haben jetzt noch keine Vorstellung. Erst am Freitag …“
Linn erzählte ihrem Bruder, dass Pina nur alles an-

schauen wollte.
Er sagte: „Dann komm mal mit zu den Elefanten. Sie stehen gleich in der Nähe vom Löwenkäfig."
Der junge Mann nahm Pina an die Hand. Er sagte: „Ich werde von allen Robin genannt. Eigentlich arbeite ich mit den Löwen. Unser Vater hatte als Kind auch schon in diesem Zirkus gearbeitet."
„Dann ist das ein Familienunternehmen, sozusagen von Generation zu Generation. Kann man das so sagen?", fragte Pinas Mutter interessiert.
„Ja, so ist es. Mein Vater brachte mir das Tressieren mit den Löwen bei."
Bei den Elefanten angekommen staunte Pina nicht schlecht. „Sind die aber groß und dick."
Sie mussten alle lachen und schmunzeln.
Die Löwen waren gleich nebenan in einem großen schweren Käfig.
„Haben die große Zähne, und laut brüllen tun die auch noch", sagte Pina.
„Das sind auch ganz gefährliche Raubkatzen", ergänzte Robin. „Da darfst du nicht alleine hingehen, hörst du. Nur mit Linn oder mir", sagte er zur Pina.
„Ist gut", sagte Pina etwas ängstlich.

Eine Wohnwagentür ging auf und da stand eine Frau. Es war die Mutter von Linn und Robin. „Guten Tag", rief sie Pina und ihrer Mutter zu.
„Sie schauen sich nur ein bisschen den Zirkus an", er-

klärte ihr Robin.
„Ich bin die Hanni und koche gerade das Mittagessen für die ganzen Leute und meine Familie."
Auf einmal sprangen ein paar ganz kleine Hunde aus dem Wohnwagen.
Pina freute sich über die kleinen Hunde.
„Pina schau mal, was da drüben ist, dreh dich mal um", meinte Robin.
Pina drehte sich um.
Es war ein ganz lustiger Clown, der ziemlich lustig aussah und laut zu lachen begann.
„Das ist unser Clown Carlo, mein Vater", stellte ihn Robin vor.
Carlo machte eine tiefe Verbeugung vor Pina und lächelte sie an: „Am Donnerstag haben wir um fünfzehn Uhr eine Probe-Vorstellung. Damit auch alles klappt bei der Hauptaufführung. Da kannst du mit deiner Mutter bei uns vorbeischauen. Und Linn kann dich auf ein Zwergpony setzen und die in der Manege etwas rumführen. Wäre das super?", fragte Robins Vater.
Pina war fast sprachlos. Damit hatte sie gar nicht gerechnet. Sie glaubte zu träumen …
Dann sagte sie etwas zaghaft: „Ich möchte schon sehr gerne mal auf einem Pony reiten."
Carlo meinte mit Blick auf die Mutter: „Wenn deine liebe Mama nichts dagegen hat … Linn ist ein ganz zuverlässiges und kluges Mädchen. Dir kann also nichts

passieren, wenn sie dabei ist."
„Natürlich gerne", sagte Pinas Mutter freudig.
Mit alldem hatte Pinas Mutter nicht gerechnet und so war sie froh darüber, dass es alle so gut mit Pina meinten.

Dann redete Carlo weiter: „Finn arbeitet hauptsächlich nur mit Pferden. Sie voltigiert auch auf Pferden. Da kannst du Linn mal in der Hauptvorstellung sehen, wenn du das magst."
„Super, ich freue mich schon riesig darauf", antwortete Pina. Sie hüpfte von einem Bein auf das nächste.
Sie verabschiedeten sich von den Zirkusleuten.
Carlo rief Pina und ihrer Mutter noch nach: „Wir sehen uns dann am Donnerstag …"

Schnell machte die Mutter mit Pina noch die Besorgungen, dann ging es ab nach Hause.
Es kam auch schon bald der gesagte Tag, an dem die kleine Pina im Zirkus in der Manege auf einem Zwergpony reiten durfte.
Finn holte das weiße Pony aus dem Zelt.
„Ist das das Pony, auf dem ich reiten darf?", fragte Pina.
„Ja, komm mit, ich zeige dir die Manege."
An der Manege angekommen half Linn Pina auf das Pony. Das Pony hatte Sattel und Zaumzeug an. „Aber lauf nicht so schnell", sagte Pina.
„Meinst du mich oder das Pony", fragte Finn.
Pina erwiderte: „Ich meine natürlich das Pony."

Sie hielt sich an der Mähne und am Zügel fest, weil sie sich dann sicherer fühlte.

Es ging ungefähr eine halbe Stunde im Kreis herum. „Jetzt sollte es fürs Erste reichen", sagte Linn zur Pina. „In fünfzehn Minuten kommt meine ältere Schwester, sie ist zwanzig Jahre alt und heißt Melia. Sie macht hier im Zirkus Akrobatik auf dem Hochseil und auf der Schaukel. Sie macht das mit unserer Mutter zusammen. Sie macht das schon von klein auf. Das haben alles unsere Mutter und Vater uns beigebracht. Somit lernt der eine immer etwas vom anderen."
Weil ihre Schwester Melia noch nicht da war, fuhr sie mit ihren Erzählungen fort: „Wir sind auch eine große Familie. Ich und meine Brüder und Schwestern können sich nichts anderes mehr vorstellen, als alle zusammen zu leben und zu arbeiten", sagte Finn. „Aber jetzt muss ich dich runterlassen. Das Pony bringe ich hinters Zelt auf die Wiese."
Zum Schluss fragte Pina Finn noch: „Darf ich morgen zur Hauptaufführung kommen?"
„Du musst kommen, sonst verpasst du einiges", sagte Finn mit einem Lächeln im Gesicht.
„Also bis Morgen dann …"
„Ja, dann bis morgen Mittag", sagte auch Pinas Mutter und ergänzte: „Danke für alles!"
Finn brachte nun das Pony auf die Wiese zurück.

Endlich war der Freitag gekommen. Der langersehnte

Tag! Keinesfalls wollte Pina die Aufführung verpassen. Der Vormittag war schnell vorbei. Aber es dauerte und dauerte, bis dann Pinas Mutter endlich sagte: „Noch eine Dreiviertelstunde bis endlich die Vorstellung beginnt."
„Ich freue mich so sehr auf Finn und das Pony", sagte Pina. „Meinst du, ich darf heute Mittag nochmals reiten?", fragte sie ihre Mutter.
„Das kann ich dir nicht so genau sagen, vielleicht", meinte die Mutter.

Aber auch die Dreiviertelstunde ging rum, und so wollte Pina keine Minute länger warten.
„Es kann losgehen", rief sie ihrer Mutter zu. Das Geld für den Eintritt habe ich auch schon dabei." Sie hielt ihre Geldbörse fest in der Hand.
Sie stiegen ins Auto ein und fuhren los. Ein paar Minuten später waren sie beim Zirkus Fernando angekommen. Sie mussten nur noch einen Parkplatz suchen. Es war viel los auf dem Parkplatz. Sie parkten gleich gegenüber vom Zirkus.
Die Mutter nahm ihre Pina an die Hand und wollte gerade zu den Wohnwagen, wo die Kassen waren, hinlaufen.
Plötzlich stupste sie jemand von hinten Pina an.
Pina drehte sich rasch um.
Da stand Robin und sagte zu ihr: Du und deine Mutter geht am besten gleich ins Zelt in die allererste Bank."

„Halt warte, Robin, ich muss noch den Eintritt bezahlen“, sagte die Mutter zu Robin.
„Ach was, ihr beiden Hübschen, kommt mit.“
Sie liefen gerade in das Zelt, wo die Manege war.
„Setzt euch hier hin, da könnt ihr alles ganz genau sehen ok?“, sagte Robin zu den beiden und setzte Pina auf die Bank.

Das Zelt füllte sich. Der Zirkus-Direktor, also Carlo, kam herein und stellte sich in die Mitte der Manege mit einem Mikrofon in der Hand.
Er begrüßte die Zuschauer und erzählte ein bisschen von seiner Familie. „Jetzt werden Sie meine Frau und meine älteste Tochter auf dem Hochseil und der Schaukel sehen. „Hanni und Melia. Hereinspaziert“ sagte er.

Die beiden Frauen traten in die Manege. Das Publikum klatschte laut. Wie schön die beiden aussahen! Sie kletterten an dem Hochseil nach oben.
Hanni machte auf der Schaukel Kunststücke, die Leute klatschten schon wieder.
Hanni und Melia machten das wirklich sehr gut.
„Als Nächstes kommt meine jüngste Tochter mit den Pferden in die Manege“, sprach Carlo in das Mikrofon.
Pina staunte nicht schlecht, als sie die Pferde sah, die mit bunten Federn geschmückt waren. Zwei schwarze und ein schneeweißes Pferd waren dabei.
Linn sprang von einem Pferd auf das nächste.
„Sie kann wirklich gut mit Pferden umgehen“, dachte

Pina.

Bevor Carlo mit der nächsten Vorstellung drankam, kamen Arbeiter in die Manege und hielten große Käfige und Gitter in den Händen.

„Was machen die da, Mama?“, fragte Pina ganz gespannt.

„Die bauen jetzt die Käfige auf, weil gleich die Löwen und die großen Raubkatzen reinkommen.“

Pina fragte weiter: „Mit Robin?“

„Natürlich mit Robin“ sagte die Mutter.

Als die Käfige und die Zäune aufgebaut waren, herrschte absolute Stille im Zelt, es war es mucksmäuschenstill. Alle waren gespannt, vor allem auch Pina.

Jetzt war es soweit: Carlo machte die Ansage.

„Hier kommt mein ältester Sohn mit seinen Löwen. Manege frei für Robin und seine Löwen“, sagte Carlo ganz stolz.

Die Löwen kamen ganz langsam nacheinander durch die festen Tunnel-Käfige.

Sie schnauften und brüllten.

Robin nahm seinen Stock und ließ die Löwen durch einen Feuerring springen.

Die Löwen schlugen immer wieder mit den Pfoten nach Robin. Er hatte jedoch alle Tiere sehr gut im Griff. Er machte seine Sache sehr gut.

Als die Vorstellung mit den Löwen zu Ende war, bauten die Helfer die Käfige und Zäune schnell wieder ab. Die

ganze Manege war nun wieder leer.
Alle waren gespannt was als Nächstes geplant war.
Dieses Mal begrüßte nicht Carlo die Zuschauer, sondern Carlos Frau Hanni. Sie rief ganz laut durch das Mikrofon: „Kinder, so habt ihr bestimmt noch nie die Clowns gesehen. Ihr werdet jetzt die witzigsten Clowns sehen … Carlo und Emil. Viel Spaß!"

Emil war ein sehr guter Freund von der ganzen Familie Fernando, er machte es auch schon fünfzehn Jahre mit der Clown-Spielerei. Es machte ihm viel Freude, wenn er die Kinder zum Lachen brachte.
Es war siebzehn Uhr, als es zum Ende kam.
Finn hielt für die kleinen Kinder eine Ansprache. „Es findet hier in der Manege ein Pony-Reiten statt. Kinder, ihr stellt euch alle bereit hin und jeder kommt an die Reihe."
Linn rief noch durch das Mikrofon: „Pina, wenn du noch im Zelt bist, lauf direkt zu mir, denn du bekommst das Ehrenpony zu reiten."
„Mama", fragte Pina, „darf ich zu Linn?
„Natürlich, gehe nur", sagte die Mutter, „ich schaue dir dabei zu."
„Ich helfe dir beim Aufsteigen", sagte Linn zu Pina.
Linn fragte Pina: „Nächstes Jahr kommst du bestimmt wieder in den Zirkus?"
Das war doch jetzt schon sonnenklar, sodass Pina ihr versicherte: „Ja, natürlich ich komme auch wieder zu

dir. Mir gefällt es hier sehr gut bei deiner Familie und den Tieren."

Pinas Mutter kam hinzu und bedankte sich für die schonen Einblicke und die schöne Zeit bei den Zirkusleuten.

„Für meine Freunde mache ich das gerne", sagte Linn.

„Ich gebe dir Pinas Nummer, da könnt ihr euch gegenseitig anrufen, wenn du magst", sagte Pinas Mutter.

„Super danke, das mache ich doch glatt", erwiderte Pina.

Sie umarmten sich zum Abschied. Pina erzählte alles ganz genau ihren Großeltern am nächsten Tag, als sie zu Besuch kamen. Sie hatte wieder neue Freunde liebgewonnen.

Stupsi, der kleine Ausreißer

Es war Freitagmorgen, als Nick, seine jüngere Schwester Emely und die Eltern am Frühstückstisch saßen und ihren Kaffee und ihren Kakao tranken.
Die Mutter schrieb nebenbei den Einkaufszettel für die nächste Woche. „Ich glaube, ich habe jetzt alles auf den Zettel geschrieben. Sie trank noch gerade ihren letzten Schluck Kaffee.
„So können wir nach dem Frühstück gleich losfahren“, sagte der Vater.
Alle halfen mit, den Frühstückstisch abzuräumen.

Schon kam Stupsi um die Ecke gelaufen.
Er hört immer genau, wenn es heißt: „Wir fahren weg.“
Stupsi war ein kleiner struppiger Hund. Er war noch jung und sehr verspielt. Er schlich sich immer um die Füße der Leute, die er kannte. Er sprang auch an den Leuten hoch.
Er wollte natürlich mit, aber es ging nicht, sonst hätte der kleine Kerl im Auto warten müssen. Das wollte die Familie nicht. „Du wartest schön zu Hause auf uns“, sagte Nick zu Stupsi.

Als sie gingen, stand Stupsi an der Tür und jaulte etwas.
Nach zirka eineinhalb Stunden später schloss der Vater, bepackt mit schweren Taschen, die Haustüre auf.
Nick und Emely liefen hinter ihm her. Sie hatten natürlich leichtere Taschen zu tragen wie Mama und Papa.

Stupsi sprang an Nick hoch und bellte und bellte und wedelte mit seinem Schwanz. Er freute sich, dass alle wieder zuhause waren.
Weil Stupsi so brav zuhause geblieben war, spielten Nick und Emely danach mit ihm im Garten.
In der Zwischenzeit räumte Mutter die Lebensmittel in die Vorratskammer. Und der Vater montierte etwas an seiner Eisenbahn herum. Da gab es immer etwas zu tun, sodass sie auch fahrtüchtig war. Nick spielte auch manchmal mit der Eisenbahn, aber lieber mit seinem Hund Stupsi.

Die Mutter bereitete das Mittagessen für die ganze Familie vor. Als sie mit dem Essenkochen fertig war, rief sie die Kinder aus dem Garten und schaute nach Vater. „Das Essen ist fertig, ihr könnt jetzt zum Mittagessen kommen."
Alle kamen sie angelaufen. Es gab Emelys Lieblingsgericht Spaghetti-Bolognese. Als sie mit dem Essen fertig waren, waren alle Schüsseln und Töpfe leergegessen. Die Mutter räumte das Geschirr vom Tisch und öffnete die Tür, um nach draußen zu gehen und den Müllbeutel rauszubringen.

Da stand überraschenderweise die Nachbarin, die sie mit ihrer Quasselei etwas aufhielt.

Das passte Mutter überhaupt nicht und so sagte sie zwischen ‚Tür und Angel' etwas harsch: „Ich muss jetzt wirklich wieder rein!" Dabei hatte sie wohl vergessen, die Türe zu schließen.

Einige Minuten später kam Nick aufgeregt zu seinem Vater gelaufen. „Papa, ich kann Stupsi nirgends sehen. Ich habe in der Küche Futter für ihn hingestellt, sonst kommt er immer hinter mir hergelaufen, was jetzt nicht so war. Ich weiß nicht, wo er steckt", jammerte Nick.
Vater war auch erschrocken und machte folgenden Vorschlag: „Wir gehen mal durchs ganze Haus und suchen ihn. Vielleicht ist er bei Emely?"
So liefen die beiden in Emelys Zimmer und fragten sie: „Hast du Stupsi gesehen?"
Emely, Nicks kleine Schwester, die gerade ein Bilderbuch anschaute, guckte verwundert drein und fragte ihren Bruder: „Er ist doch immer bei dir oder nicht?"
„Ja, schon", antwortete Nick, „aber seit vorhin ist er nirgends zu sehen. Ich habe ihn ein paar Mal schon gerufen, aber er kommt einfach nicht. Ich weiß nicht, wo ich sonst noch suchen soll."
„Wir fragen einfach mal deine Mutter, ob sie ihn irgendwo gesehen hat", meinte Vater.

Sie liefen schnell zu Mutter in die Küche, wo die gerade den Herd saubermachte.

„Mutti, Mutti", rief Nick, „hast du Stupsi irgendwo gesehen?“

„Mal überlegen“, sagte sie. „Ich habe die Küche sauber gemacht, den Mull rausgebracht, … da hat mich die Nachbarin etwas aufgehalten.“

„Hast du hinter dir beim Müllrausbringen auch ordentlich die Türe zugezogen“, fragte Vater.

„Oh je!“, schrie die Mutter, „nein, sie hatte die ganze Zeit über offengestanden. Als ich fertig war mit der Nachbarin, habe ich sie dann zugezogen.“

„Jetzt haben wir den Salat“, sagte der Vater. „Und wo sollen wir jetzt zu suchen anfangen?“, fragte der Vater.

„Vielleicht hat die Nachbarin, mit der du dich unterhalten hast, etwas gesehen?“

Nick rieb sich die Augen und fragte ziemlich verzweifelt: „Ist Stupsi jetzt für immer weg?“

„Nein“, sagte die Mutter und nahm ihn in den Arm. „Es war dumm von mir, einmal nicht aufgepasst zu haben. Es tut mir alles so leid.“

Emely kam aus ihrem Zimmer und fragte, ob Stupsi wieder da sei.

Nick fing zu weinen an.

„Nein“, sagte die Mutter zu Emely, „er ist noch nicht zurück. Wir werden jetzt alles absuchen, vielleicht finden wir ihn vor heute Abend noch.“

Sie schlossen die Haustüre hinter sich ab. Nick lief in den Garten, um ihn dort zu suchen. An jedem Busch und an jedem Winkel, aber da war er nicht.

„Weiter, weiter, wir müssen ihn suchen", sagte der Vater. Dann fragte er seinen Sohn: „Nick, wo läufst du mit Stupsi immer spazieren?"
„Hinten den Fußweg, da ist eine Brücke und ein kleiner Bach. Im Bach spielten wir immer im Sommer, wenn es heiß war."
„Heute ist es ja auch ziemlich heiß", überlegte der Vater. „Lasst uns mal da hingehen."

Sie mussten schon eine Weile laufen, bis sie dort angekommen waren.
„Da seid ihr immer hergelaufen?", fragte die Mutter besorgt.
„Ja", sagte Nick, „ich warf immer einen Stock in den Bach und er holte ihn wieder raus. Wenn wir Glück haben, ist er vielleicht dort."
Sie liefen zu der Brücke, Nick schrie ganz laut: „Stupsi, Stupsi, komm her, mein Guter."
Es kam nichts von Stupsi rüber.

Nick lief den kleinen Bach entlang. Der Bach war klein und das Wasser sehr niedrig. Er sah neben dem Bach etwas Braunes, Wolliges und Klatschnasses auf den Steinen liegen.
Nick lief ganz schnell hin.
Er war überglücklich über das, was er dort sah. Er rief: „Stupsi, du kleiner Streuner, du kleiner Ausreißer."
Er nahm ihn liebevoll in seine Arme.
„Und klatschnass bist du auch noch", sagte der Vater.

„Und hungrig bist du bestimmt auch noch“, fügte Emely hinzu.

Nick trug seinen Hund den ganzen Weg auf seinem Arm nach Hause.

Alle waren überglücklich, ihn wiederzuhaben.

Nick trocknete seinen Hund mit einem Handtuch ab. Als er trocken war und gefressen hatte, sagte die Mutter zu den dreien: „So schnell werde ich die Haustüre nicht mehr offenlassen. Ich werde sie immer ganz feste hinter mir verschließen.“

Alle vier nahmen den kleinen Stupsi in die Arme und waren überglücklich.

Ferien auf dem Bauernhof

Es klingelte an der Tür.
Bea lief zur Tür, um sie zu öffnen.
„Hallo Kinder, seid ihr vom Spielplatz wieder zurück? Wo ist Mama?“, fragte Leo, als er mit seinem Bruder Jochen die Wohnung betrat.
„Eure Mutter macht gerade die Wäsche“, sagte Bea zu den Kindern. Bea war eine alte Freundin der Familie. Sie lebte auf einem Bauernhof, den sie mit ihrem Mann und ihren Eltern bewirtschaftete.
Die Mutter von Jochen und Leo hatten sich mit Bea schon abgesprochen, dass sie bei ihr ein paar Tage Ferien verbringen sollten.

Leo und Jochen kamen ihrer Mutter lachend entgegengelaufen.
Die Mutter rief ihnen zu: „Kinder, kommt mal bitte zu mir, ich muss euch was Tolles sagen.“
Die Kinder blickten die Mutter erwartungsvoll an.
„Bea, ihr Mann und ihre Eltern laden uns für vier Tage auf ihren Bauernhof ein.“
„Weiß Papa schon davon?“, fragte Jochen, dessen Augen strahlten.
„Nein, aber ich werde es ihm gleich sagen, wenn er kommt. Er ging nur noch schnell das Auto volltanken, er müsste jeden Augenblick wieder zuhause sein.“

„Waren wir eigentlich schon mal auf dem Bauernhof?“, fragte Jochen.
Mutter erinnerte sich: „Da wart ihr beide noch ganz klein. Das ist schon eine ganze Weile her, als wir dort waren. Die Familie erkennt euch bestimmt nicht wieder, so groß, wie ihr geworden seid.“

In der Zwischenzeit kam auch schon der Vater wieder nach Hause. Leo lief zu ihm hin und Papa hob ihn hoch. Leo plapperte direkt los: „Wir dürfen für ein paar Tage zu Bea auf den Bauernhof. Toll oder?“
„Ja, und wie das toll das ist“, freute sich Papa, „da gibt es ganz viele Tiere und einen Spielplatz hinter dem Hof.“
„Wann gehts los?“, fragte Jochen.
„Morgen Mittag, sind wir dort“, sagte die Mutter.

Am nächsten Vormittag standen die Taschen von allen gepackt da. „Jetzt kann es bald losgehen. Wir sind ganz gespannt auf den Bauernhof.“
Am späten Vormittag fuhren sie auch schon los. Die Jungs stellten während der Fahrt so viele Fragen über den Bauernhof, sodass die Mutter sagen musste: „Das könnt ihr nachher selbst sehen. Lasst euch überraschen, was es dort alles zu sehen gibt.“

Bea erwartete die vier schon vor ihrem Hof.

„Da ist auch schon Bea“, sagte der Vater, als sie sich dem Bauernhof näherten.

Neben Bea liefen zwei ausgewachsene Hunde her.
Als die Familie aus dem Wagen stieg, kamen ihnen die Hunde schon entgegengelaufen.
„Die zwei sind friedlich, die beißen keinen“, sagte Bea.
„Sie heißen Carli und Fox.“
„Sind die schön“, staunte Leo.
Bea sagte zu ihrem Besuch: „Jetzt wollen wir mal zu meiner Mutter in die Küche gehen. Es gibt heute selbstgemachte Pizza. Die mögt ihr bestimmt oder?“
„Super lecker“, antworteten die Kinder.

Als sie in die Küche kamen, stellte Bea ihre Mutter vor.
„Hier in der Küche, das ist meine Mutter. Aber ihr könnt zu ihr ruhig ‚Elke‘ sagen.“ Dann erzählte sie, dass ihr Vater, der Großvater, gerade die Eier aus dem Hühnerstall hole.
Es dauerte nicht lange, da kam der Vater von Elke herein und begrüßte alle vier. „Hallo, ich bin der Hans.“
Als Elke endlich die Hände frei hatte, gab sie jedem die Hand und meinte: „Eure Kinder sind ganz schön groß geworden.“ Dann forderte sie die Jungs auf: „Jetzt setzt euch mal an den Tisch, damit wir die Pizza essen können.“ Im Nu war die Pizza aufgegessen.
„Jetzt gibt es noch eine Schüssel Schokoladenpudding“, rief Elke, als mit der Riesenschüssel in der Hand am Esstisch erschien.

Als der Schokoladenpudding verspeist war, half Elke ihrer Mutter in der Küche.
„Bruno, mein Mann, kommt etwas später nach Hause", erzählte sie, „er ist auf dem Feld und kommt erst heute Abend wieder." Dann fuhr sie fort: „Jetzt zeige ich euch allen den Hof."
Die Familie lief voraus, Richtung Kuhstall.
„Ihr könnt ruhig reinkommen, es stinkt etwas, aber man hat sich nach einer Weile daran gewöhnt. Ich selbst rieche das schon gar nicht mehr."
„Wie viele Kühe habt ihr?", fragte Jochen Bea.
„Wir haben fünfzig Kühe und drei Rinder. Draußen vor dem Stall liegen unsere vier großen Katzen und sieben kleine in der Sonne. Die sind erst vor vierzehn Tagen geboren worden."
„Darf ich sie mal sehen?", fragte Leo.
„Natürlich darfst du, aber dann müssen wir wieder hinaus. Ums Eck stehen die Fressnäpfe von den Katzen. Ihr könnt sie das nächste Mal ja füttern, wenn ihr das wollt. Im anderen Stall stehen zwei Ziegen und acht Schafe. Im letzten Stall haben wir noch drei Pferde."
„Kann man auch auf denen sitzen und reiten?", fragte Jochen.
„Ja klar, dazu sind sie ja da", bekam er zur Antwort.

Sie liefen in den Stall hinein, in dem die Pferde standen.
„Ich müsste heute noch den Stall von den Pferden ausmisten. Da könnt ihr mir ja dabei helfen."

Natürlich wollten die Kinder helfen, sodass Bea sagte: „Dann hol ich schon mal die Schubkarre und den Spaten, und dann zeige ich euch, wie man das macht. Danach könnt ihr es alleine ausprobieren.“
„Ich nehm den Spaten“, sagte Leo und hielt ihn schon in der Hand.
„Ihr könnt euch ja abwechseln oder ich bringe euch einen zweiten Spaten.“
Leo lachte und freute sich.
„Der Schubkarren steht im Stall, da könnt ihr den ganzen Mist drauflegen.“

Die beiden Jungs brauchten schon eine ganze Weile, bis sie mit dem Ausmisten fertig waren. In der Zwischenzeit kam auch Bruno mit dem großen Traktor in den Hof gefahren. Er sah Jochen und Leo und lief in den Pferdestall, wo die beiden schon fast mit dem Ausmisten fertig waren.
„Na Jungs, klappt es bei euch?“, fragte Bruno die beiden.
„Ja, wir sind fast fertig“, sagte Leo zurück.
„Gut, dann können wir ja rein zum Abendessen gehen.“

Sie machten den Stall zu und liefen ins Haus.
Die Mutter von Jochen und Leo, und die Mutter von Bea schnitten gerade die Wurst und den Käse für den leckeren Wurstsalat. Als er angemacht und fertig war, saßen alle am Tisch und hauten ordentlich rein.

Jochen und Leo erzählten ihren Eltern wie toll das Ausmisten war. Als die Jungs abends vor Müdigkeit ins Bett fielen, sagten die Eltern den beiden gute Nacht und gaben ihnen noch einen Kuss auf die Wange.
„Schlaft schön", sagte die Mutter und machte das Licht aus.
Die Eltern sprachen noch miteinander, dann gingen sie auch ins Bett. Die Kinder durften so lange schlafen wie sie wollten. Es waren ja auch Ferien.

Als die beiden Jungs am Morgen aufstanden und fix und fertig angezogen waren, gingen sie ins Wohnzimmer.
„Guten Morgen, Jungs" sagte der Vater und die Mutter, „habt ihr gut geschlafen?"
„Ja, sehr gut", sagte Leo.
Hans kam in die Küche und fragte: „Sind die Jungs auch schon wach?"
„Ja, die sind im Wohnzimmer", sagte Elke.
„Ich habe für euch eine tolle Aufgabe", sagte Hans zu den beiden. „Ihr bringt heute mit mir die Schafe auf die Weide, ist das was?" Er nahm beide Kinder und lief mit ihnen in den Schafstall. „Jetzt zeige ich euch, wie man die Schafe auf die Weide treibt. Die zwei Hunde kommen auch mit, die passen auf, dass die Schafe nicht davonlaufen."

Sie liefen ungefähr fünfzehn Minuten, bis sie auf der Weide ankamen. Es war zum Glück schönes Wetter.
Hans zeigte den beiden Jungs auch die Weide von den Kühen, den Pferden und den Ziegen.
„Nun, morgen müsst ihr früh aufstehen, denn das Melken der Kühe, das macht richtig Spaß."

Sie standen am nächsten Morgen ganz früh auf und melkten die Kühe. Leo und Jochen freuten sich und tranken die Milch, die sie selber gemolken hatten.
Sie durften auch die Eier aus dem Hühnerstall holen, die gab es dann zum Frühstück.

So vergingen die Tage wie im Flug. Die Heimfahrt war angesagt. Alles wurde wieder in die Taschen geräumt und in das Auto getragen.
Hans und Elke nahmen Jochen und Leo fest in ihre Arme. „Tschüss, ihr beiden, macht es gut bis zu den nächsten Ferien, wenn ihr wiederkommen möchtet."
„Natürlich kommen wir in den nächsten Ferien wieder", versicherten die Jungs.
Die Eltern von Bea verabschiedeten sich von Jochen und Leos Eltern.
Jochen und Leo vergaßen auch nicht, sich von ihren Freunden Carli und Fox zu verabschieden. Danach stiegen sie in das Auto.
Die Eltern kamen hinzu und setzten sich vorne in das Auto. Vater startete den Motor, es ging wieder nach Hause. Jochen und Leo unterhielten sich noch lange,

wie schön es auf dem Bauernhof war.
Vater fragte: „Wo machen wir das nächste Mal Ferien?"
„Natürlich auf dem Bauernhof", beantwortete Jochen ganz eifrig. So beschlossen sie, in den nächsten Ferien wieder dorthin zu fahren.

Eine Familie – ein gemeinsames Hobby

Das Ehepaar Daniela (50) und Ernst (60) Adam verbringen ihre gemeinsame Freizeit damit, Geschichten zu schreiben.

Geschichten – für Kinder!

Es macht Freude, diese Geschichten zu lesen, denn sie interessieren nicht nur die kleinen Zuhörer, sondern lassen die Vorleser, also die Eltern, Großeltern, Lehrer oder Kindergärtner an ihre frühere Zeit, als sie selbst noch Kinder waren, zurückdenken.
Es ist heute genauso wie damals …

Schon immer gab es Freundschaften zwischen Kindern und ihren Haustieren, schon immer begaben sich kleine Jungs auf Abenteuer, auch mussten früher Kinder mal ins Krankenhaus und hatten große Angst davor.

Daniela und Ernst Adam erzählen in ihren Geschichten von:
HANNES und seinem treuen Freund Felix.
von MICHELLE, die Pferde ganz besonders mag,
von BENNY und seinem Freund Peter, die einen Hund finden,
von MARY, die ins Krankenhaus muss,
von DIETER und seinen Freunden, die eine Fahrradtour machen,
von der kleinen SONJA, die sich verlaufen hat,
von Familie KLEIN, die einen Ausflug an den Baggersee machte,
von PINA, die die Leute vom Wanderzirkus kennenlernte,
von dem Hund STUPSI, der plötzlich weg war …

… und dann von den Ferien auf dem Bauernhof.

Viel Freude beim Vorlesen und Lesen!
Familie Adam hat schon eine Fortsetzung ins Auge gefasst.

Daniela Ernst kocht und backt leidenschaftlich gerne, ab und zu liest sie gerne mal ein Buch.

Ernst Adam hört gerne Musik und spielt Billard.

Sie sind beide in Kirchheim-Teck aufgewachsen, mittlerweile wohnen sie in Geislingen.

Ihre beiden Kinder sind längst verheiratet und haben einen eigenen Hausstand.